Meuterei auf der Bounty und die Geschichte der Pitcairninseln, 1790–1894

Rosalind Amelia Young

Writat

Diese Ausgabe erschien im Jahr 2024

ISBN: 9789359944579

Herausgegeben von
Writat
E-Mail: info@writat.com

Inhalt

EINFÜHRUNG.

VIELE Bücher über die Geschichte der Insel Pitcairn geschrieben, und von Zeit zu Zeit erschienen fast unzählige Zeitschriftenartikel und Zeitungsskizzen, die sich mit bestimmten Besonderheiten der Insel oder ihrer Geschichte befassten. Obwohl es in einigen Punkten Meinungsverschiedenheiten zwischen den verschiedenen Autoren gibt, haben sie im Großen und Ganzen eine ziemlich gute Geschichte der Insel und ihres Zustands vor vielen Jahren wiedergegeben, obwohl einige ihrer Aussagen etwas übertrieben waren. Dass es unvermeidlich ist, dass sich in solchen Geschichten einige Fehler einschleichen, geht aus der Tatsache hervor, dass nur sehr wenige der Schriftsteller jemals die Insel besucht haben, während diejenigen, die dies taten, nur kurze Zeit dort blieben und daher nur einen besuchen konnten Seite des Lebens an diesem abgelegenen Ort.

Das vorliegende Werk wurde von einer Inselbewohnerin geschrieben, die praktisch ihr ganzes Leben auf der Insel verbracht hat und nur einige Jahre ihrer Kindheit auf der Norfolkinsel verbracht hat. Obwohl ihr Leben nicht ganz die Hälfte der Zeit umfasst, die die Geschichte der Insel umfasst, hatte sie viele Jahre lang Zugang zu zumindest jemandem, der sich an Ereignisse erinnerte, die vor Beginn dieses Jahrhunderts stattfanden. Der Vater des Autors war zum Zeitpunkt seines Todes im September 1893 der zweitälteste Mann der Gemeinde und ein Enkel von John Adams, einem der Meuterer der *Bounty*, der 1829 starb Die besten Vorteile, um ein korrektes Wissen über die Geschichte der Insel zu erlangen.

Der Verfasser dieser Einleitung verbrachte mehr als achtzehn Monate auf der Insel und verließ sie am 9. Februar dieses Jahres. Er glaubt, dass die in diesem Buch enthaltenen Aussagen absolut zuverlässig sind, was seine Beobachtungen betrifft.

Obwohl die Insel nur ein Punkt im weiten Pazifik ist und nur zweieinhalb Meilen lang und anderthalb Meilen breit ist, ist sie ein interessanter Ort, und ihre Geschichte liest sich wie eine Romanze. Seine Lage ist günstig, etwa zwei Grad südlich des Wendekreises des Steinbocks, weshalb das Wetter nie so stark heiß wie auf einigen Inseln der Südsee und nie kalt ist. Wunderschöne tropische Bäume – die hohe, anmutige Kokosnusspalme, die weitläufige Banyanpalme, die Pandanuspalme und andere – bedecken die Oberfläche von einem Ende zum anderen. Erfrischende Brisen, gekühlt und befeuchtet, indem sie über Tausende von Kilometern des Ozeans streichen, wehen ständig über die Oberfläche dieser schönen Insel. Das kann man von dieser Insel wahrheitsgemäß sagen

„Jeder Interessent gefällt.“

Die Menschen, die dieses kleine Eden bewohnen, sind Mischlinge, ihre dunklen Gesichtszüge und schwarzen Haare verraten deutlich ihr tahitianisches Blut, obwohl einige von ihnen einen recht hellen Teint und blaue Augen haben. Gegenwärtig sind es nur etwa einhundertdreißig Einwohner. Die Freundlichkeit und Gastfreundschaft dieser interessanten Menschen wurde von allen bemerkt, die jemals auf der Insel waren.

Wir glauben, dass dieses kleine Buch von allen, die das Glück haben, sich ein Exemplar zu sichern, mit Gewinn und Freude gelesen wird.

EH GATES.

St. Helena, Kalifornien, 30. Juli 1894.

KAPITEL I.

Die Bounty und die Meuterer

Gegen Ende des 18. Jahrhunderts, zu einer Zeit, als sich in einigen Nationen der Erde Ereignisse mit höchst bedeutsamen Folgen abspielten, wurde unbewusst der Grundstein für eine Geschichte gelegt, die in allen Punkten jeder erfundenen Geschichte ebenbürtig, wenn nicht sogar überlegen war.

Während der Herrschaft von König Georg III. von England hielt es die englische Regierung für ratsam, den Brotfruchtbaum, wenn möglich, in ihre Kolonien in Westindien einzuführen, und zu diesem Zweck wurde ein Schiff speziell ausgerüstet und mit Proviant ausgestattet. Man stellte eine kleine Kriegsschaluppe namens Bounty *zur* Verfügung, und ihre Inneneinrichtung wurde mit dem Ziel begonnen und abgeschlossen, die empfindlichen Pflanzen mit möglichst wenig Schaden aus ihrem Heimatboden zu verlegen.

Am 29. Dezember 1787 verließ die *Bounty* England mit dem Befehl, zu den Gesellschaftsinseln zu fahren, um Pflanzen des Brotfruchtbaums zu beschaffen, die nach Westindien transportiert werden sollten. Leutnant William Bligh wurde zum Kommandeur ernannt, und die Besatzung bestand aus etwa 45 Personen, darunter einem Gärtner. Es wurden Rückstellungen für achtzehn Monate gebildet.

Man kann sich die unterschiedlichen Gefühle vorstellen, die den Geist der Männer beherrschten, die hinter sich ließen, was ihnen auf Erden das Heiligste und Teuerste war; Dennoch freute sie zweifellos der Gedanke, die lieben Freunde eines Tages wieder zu Hause zu treffen, wenn die lange Trennung vorbei war. Ohne das Schiff und einen Teil der Besatzung hätte es nie dazu kommen können, und hätten die Ergebnisse dieser Reise vorhersehen können, ist es fraglich, wie viele derjenigen, die damals ihr Heimatland verließen, es gewagt hätten, sich auf eine Reise zu begeben Reise, die mit Ereignissen behaftet sein sollte, die ihrer Natur nach so aufsehenerregend waren, und die so seltsam enden sollte, dass selbst an diesem fernen Tag die Geschichte nicht nur von Fremden, sondern auch von den unmittelbaren Nachkommen wiederholt und mit anhaltendem Interesse angehört wird die fehlgeleiteten Männer, die schließlich selbst Opfer ihres eigenen Fehlverhaltens wurden.

Die Reise verlief reibungslos, die *Bounty* erreichte Tahiti im Oktober des Jahres nach ihrer Abreise aus England. Sechs Monate verbrachte man auf der Insel mit dem Sammeln und Verstauen der Pflanzen, wobei die Mannschaft in der Zwischenzeit sehr gute Freundschaften mit den Eingeborenen schloss. Da ein heftiger Sturm drohte, hielt es Kapitän Bligh für ratsam, abzureisen. Dies geschah im April 1789.

Bounty verließ Tahiti und fuhr weiter nach Anamooka, wo Kapitän Bligh Wasser, Früchte, Ziegen und anderes Vieh aufnahm und am 26. desselben Monats wieder in See stach. Nach dem Verlassen der letztgenannten Insel machte sich erstmals eine gewisse Unzufriedenheit unter der Besatzung bemerkbar. Wenn es bisher Anlass zur Klage über die Behandlung derer gegeben hatte, die der Kapitän befehligte, so war dies nicht offen zum Ausdruck gebracht worden. Es ist inzwischen bekannt geworden, dass William Bligh ein tyrannisches Temperament hatte und häufig Missverständnisse mit seinen Offizieren und Männern hatte. Dies und die Tatsache, dass viele der Besatzungsmitglieder enge Bekanntschaften mit den Menschen der Inseln geschlossen hatten, brachten sie zweifellos dazu, den Plan zu fassen, das Schiff zu kapern, nachdem sie die Offiziere beseitigt hatten.

Kurz bevor die Meuterei ausbrach, erregte einer der Männer, Fletcher Christian (Steuermannsmaat), den schweren Unmut des Kapitäns. Es heißt, dass Christian auf Anraten eines jungen Offiziers, der auf der *Pandora ums Leben kam* , den Plan für die Meuterei entwickelte, der so erfolgreich umgesetzt wurde. Wie dem auch sei, in der Nacht des 28. April 1789 kam es an Bord der *Bounty zu einem Ausbruch* , als die meuternde Besatzung sich mit den Waffen gegen ihren Kapitän erhob. Fletcher Christian sicherte sich mit Unterstützung von drei weiteren Männern die Person von Captain Bligh. Sie betraten seine Kabine und zerrten ihn aus seinem Bett. Da er bald überwältigt war, wurden seine Hände auf den Rücken gefesselt, sodass er den Händen seiner Häscher hilflos ausgeliefert war.

Ein Boot war vorbereitet worden, um den unglücklichen Bligh und die seiner Gefährten, die sein Schicksal teilen sollten, aufzunehmen, aber der ihnen zugeteilte Anteil an Proviant war sehr gering. Aufgrund der geringen Größe des Bootes wagten außer dem Kapitän nur achtzehn Männer, ihr Leben darauf zu vertrauen. Andere hätten die Achtzehn gerne begleitet, aber es gab keine Möglichkeit, im Boot Platz zu bekommen, da es bereits zu voll war, und ihre einzige Alternative bestand darin, mit ihren fehlgeleiteten Kameraden im Schiff zu bleiben. Das Boot, in dem sich die unglücklichen Männer befanden, war bald auf dem Weg zur etwa dreißig Meilen entfernten Insel Tofoa, wo eine Landung durchgeführt wurde. Die dortigen Eingeborenen zeigten einen ausgesprochen feindseligen Geist, und als sie auf die Anwesenheit der weißen Männer aufmerksam wurden, stürmten sie zum Strand hinunter, schossen Pfeile und warfen Steine auf die Eindringlinge. Ein Mann namens John Norton wurde getötet. Die anderen achtzehn beeilten sich, aus der Reichweite ihrer Verfolger und ihrer Pfeile zu gelangen. Dann begann eine Reise, die in der entblößten Lage der Reisenden mit so viel Mühsal und Elend verbunden war, dass sie bis heute die Bewunderung und das Staunen aller Zuhörer hervorruft. Diese Männer legten eine weite Strecke von mehr als zwölfhundert Meilen zurück, begegneten jedem Wetter und ertrugen schreckliche Leiden, Hunger und Durst, bis sie schließlich die Insel Timor erreichten, wo sich eine niederländische Siedlung befand. Hier erwies ihnen der Gouverneur die größte Gastfreundschaft und Freundlichkeit. Sie verließen Timor und fuhren nach Batavia, wo Bligh und einige seiner Offiziere die Überfahrt auf einem Schiff nach Europa antraten. Sie erreichten schließlich sicher England.

MOORLAND CLOSE, CUMBERLAND, DER GEBURTSORT VON FLETCHER CHRISTIAN.

Es wurde keine Zeit verloren, die englische Regierung über das katastrophale Scheitern der Mission *der Bounty zu unterrichten* , und obwohl sich zum Zeitpunkt der Meuterei einige unter der Besatzung befanden, die darauf plädierten, ihnen keine Schuld zuzuschieben, zeigte das Ergebnis dies Bligh hat diejenigen nicht verschont, deren Herzen und Hände gleichermaßen unschuldig waren, ihm etwas angetan zu haben. Sehr bald wurde die *Pandora* unter dem Kommando von Kapitän Edwards, einem Mann ohne die menschlichen Gefühle von Freundlichkeit und Mitleid, auf die Suche nach den Männern geschickt, die ihre Pflicht so absichtlich vergessen hatten. Von diesen wurden nur vierzehn gefunden, von denen acht Fletcher Christian mit der *Bounty* begleitet hatten und zwei von ihnen kurz zuvor von den Eingeborenen von Tahiti getötet worden waren. Diese armen Männer wurden in Eisen an Bord der *Pandora transportiert* , wo sie in einem engen Raum mit einer kleinen Öffnung untergebracht wurden, um Licht und Luft hereinzulassen. An den Boden gefesselt, der grausamsten Behandlung ausgesetzt, die sich der Geist des unmenschlichen Edwards nur vorstellen konnte, die schwersten Entbehrungen ertragen und gezwungen, Tag für Tag in ihrer abscheulichen Höhle zu leben, ohne die Möglichkeit, sie reinigen zu lassen, der Zustand dieser Leidenden kann man sich leichter vorstellen als beschreiben.

Pandora schließlich an einem Korallenriff strandete, wollte der gefühllose Edwards nicht auf die mitleiderregenden Bitten der Gefangenen hören und sie freilassen, nicht einmal, um ihnen zu helfen, das Schiff zu retten. Ein Matrose jedoch, der über menschliche Gefühle verfügte, wollte nicht zulassen, dass so viele seiner Mitmenschen vor seinen Augen umkamen, und unter Aufbietung all seiner Kraft gelang es ihm, sie freizubekommen, aber erst, nachdem vier von ihnen umgekommen waren. An Bord des Schiffes, das sie schließlich nach England brachte, wurden sie wie Menschen behandelt und von ihren Ketten befreit. Von diesen zehn Männern „wurden vier freigesprochen; einer wurde aufgrund eines Fehlers in der Anklage entlassen; die anderen fünf wurden für schuldig befunden und zum Tode verurteilt. Von diesen wurden zwei begnadigt und die drei anderen in Spithead hingerichtet", von wo aus sie vier Jahre zuvor zu ihrer ereignisreichen Reise aufgebrochen waren.

KAPITEL II.

Die Ankunft auf Pitcairn

Wo waren Christian und die anderen Schuldigen, die ihm folgten, WÄHREND dieser ganzen Zeit? Nachdem er das Boot mit Bligh und seinen Gefährten treiben ließ, übernahm Fletcher Christian das Kommando über die *Bounty* und kehrte nach Tahiti zurück. Das Schiff wurde zunächst nach Toobonai gebracht, mit der Absicht der Männer, sich dort niederzulassen; Als sie jedoch feststellten, dass es in dem Ort keine Tiere mehr gab, gingen sie nach Tahiti, um einen Bestand an Schweinen und Ziegen zu besorgen. Nachdem sie bekommen hatten, was sie brauchten, kehrten sie erneut nach Toobonai zurück, fanden jedoch die Eingeborenen, die ihrer Landung feindlich gesinnt waren. Noch einmal und zum dritten und letzten Mal wurde die *Bounty* am 20. September 1789 nach Tahiti gebracht, wo sie in der Matavai-Bucht vor Anker lag. Sechzehn der Besatzungsmitglieder landeten hier und nahmen ihren Anteil an Waffen und Waffen mit Weitere Artikel an Bord der *Bounty* . Es versteht sich, dass dies die Männer waren, die von der *Pandora entdeckt und verschleppt wurden* , wie im vorherigen Kapitel beschrieben.

Christian ließ den Teil der Besatzung, der bleiben wollte, auf Tahiti zurück und segelte in Begleitung von acht seiner Schiffskameraden, die beschlossen, sich ihm anzuschließen, für immer von Tahiti weg. Aber diese Zahl war noch nicht alles, denn sechs der einheimischen Männer, zehn Frauen und ein fünfzehnjähriges Mädchen wurden als Ehefrauen und Dienerinnen an Bord genommen, da die Seeleute beschlossen hatten, einen Ort zu suchen, an dem sie sicher vor der Gefahr leben konnten Entdeckung. Es wird gesagt, dass Christian, nachdem er im Jahr 1767 einen Bericht über die Entdeckung einer einsamen Insel im Pazifischen Ozean durch Kapitän Cartaret gesehen hatte, den Kurs des Schiffes zu diesem Ort lenkte. Sie wurde Pitcairn-Insel genannt, nach dem jungen Mann, der sie beschrieb. Der Legende nach war er ein Sohn des Majors Pitcairn, der in der Schlacht von Bunker Hill gefallen war.

Am 23. Januar 1790 erreichte die *Bounty* ihr Ziel. Die Insel war zwar klein — sie hatte einen Umfang von etwa fünf Meilen und an ihrer breitesten Stelle kaum mehr als zwei Meilen —, aber sie war dicht mit üppigem Baumbestand bewachsen.

Als sie nahe genug kamen, dass ein Boot sich hineinwagen konnte, ging eine kleine Gruppe ans Ufer, um das Land abzusuchen. Sie führten eine Landung auf der Westseite der Insel durch, stellten jedoch fest, dass die Felsen wenige Meter vom Meer entfernt senkrecht zu einer bedrohlichen Höhe anstiegen, und überlegten, einen geeigneteren Ort für eine Siedlung zu finden, und brachten das Schiff zur Küste Nordostseite der Insel. Hier gelang es ihnen, ihr Boot durch gefährliche Felsen und Brandungen sicher ans Ufer zu bringen. Es dauerte nicht lange, bis man herausfand, dass die Insel bewohnt war und vielleicht noch immer bewohnt war, und man fürchtete, sie könnte von feindlichen Eingeborenen angegriffen werden. Spuren früherer Behausungen – *Marais* , Steinbilder, in den Felsen gehauene grobe Bilder, Steinbeile usw. usw. – waren offensichtliche Beweise dafür, dass einst Menschen auf der Insel gelebt hatten, und außerdem mehrere menschliche Schädel und andere Knochen wurden später gesehen.

Als Tag für Tag verging und niemand schien, sie zu belästigen, fühlten sich die Meuterer sicherer und es wurden Vorbereitungen für eine dauerhafte Einigung getroffen. Ihr Wasservorrat war zwar nicht reichlich, reichte aber für ihren Bedarf aus, und die aus Tahiti mitgebrachten Pflanzen würden im Laufe der Zeit in der Lage sein, alle ihre Bedürfnisse zu befriedigen. Doch zunächst müssen alle Spuren des Schiffes vernichtet werden. Sie wurde so weit ans Ufer getrieben, dass sie mit einem Seil an einem Baum befestigt werden konnte. Alles, was den Siedlern von Nutzen sein konnte, wurde entfernt. Aus Sicherheitsgründen wurde ein kleines Kind in einem Fass an Land gebracht, da der Anlegeplatz für Boote sehr gefährlich war. Als alles vom Schiff entfernt war, wurde es in Brand gesteckt und zerstört.

Unter den Meuterern gab es einige, wenn nicht alle, die betrübt waren, dass sie gezwungen waren, das Schiff zu zerstören, das so lange ihre Heimat gewesen war. Besonders John Mills war es so, wenn die Aussage seiner Tochter stimmt, denn sie wurde nie müde zu erzählen, wie sehr ihr Vater über die Zerstörung der *Bounty trauerte* , da er hoffte, eines Tages mit ihr nach England zurückkehren zu können, selbst wenn er dabei sein Leben riskieren würde. Diese Flüchtlinge vor der Justiz verbrachten die ersten Tage ihrer Ansiedlung auf Pitcairn Island in Höhlen und Zelten aus Segeltuch, während ihre Hütten gebaut wurden. Hier, an diesem einsamen, unbewohnten Ort, konnte Christian zumindest hoffen, sich und seine schuldigen Gefährten vor der strengen Strafe des Gesetzes zu verstecken.

Doch kein Maß an äußerer Sicherheit konnte einem Geist Frieden bringen, der ständig von selbstanklagenden Gedanken geplagt war oder von den Vorwürfen eines Gewissens, das von Schuld und Reue belastet war. Arme, fehlgeleitete Menschen! Völlig isoliert vom Rest der Welt, ihre einzigen Kommunikationsmittel zerstört, war ihre Lage äußerst trostlos. Äußerlich ging es ihnen einigermaßen gut, da sie genug Lebensnotwendigkeiten mitgebracht hatten, um sich zu ernähren, bis das Land neue Vorräte hervorbringen konnte. Die Kleidung, die sie besaßen, musste sorgfältig aufbewahrt werden, und was die einheimischen Männer und Frauen betraf, genügte ihnen die einfachste Bedeckung. Das Land wurde unter den Engländern aufgeteilt, und ihre einheimischen Diener halfen ihnen, den Boden zu bebauen. Salz wurde aus den kleinen, flachen Tümpeln in den Felsen gewonnen, und diese Felsen wurden ebenfalls unter ihnen aufgeteilt.

Zwei Jahre lang waren ihre Bemühungen von einem gewissen Wohlstand gesegnet, aber der relative Frieden und Erfolg, den sie genossen, konnte nicht anhalten. Die erste wirkliche Unruhe und Störung wurde von einem der Meuterer namens Williams verursacht. Seine Frau war eines Tages zu den Klippen hinausgegangen, um Seevögel und Eier zu suchen. Dabei stürzte sie und wurde getötet. Williams, der eine andere Frau wollte, verlangte und bekam die Frau eines der Eingeborenen. Die Eingeborenen fühlten sich durch diese skandalöse Tat ungerecht behandelt und empört, schworen Rache an den Engländern und schmiedeten ein Komplott, sie alle zu ermorden. Als die Frauen das Geheimnis erfuhren, teilten sie es den Engländern in einem Lied mit, das wie folgt lautete:

„Warum schärft der Schwarze die Axt?

Um den weißen Mann zu töten."

Und jetzt beginnt eine Geschichte von Unterdrückung, Verrat und Blutvergießen, die die dunkelste Seite in der Geschichte dieser Insel darstellt. Die Angst, die einige der Frauen empfanden, war so groß, dass sie heimlich ein Floß bauten, mit der Absicht, nach Tahiti zurückzukehren oder bei dem Versuch verloren zu gehen. Sie ließen ihr Floß zu Wasser lassen und wagten sich ein Stück weit über die Brandung hinaus; Doch ihr Mut ließ sie im Stich, und die Bitten einiger der zurückgebliebenen Frauen, die ihre Absicht erkannt hatten, gewannen die Oberhand und sie kehrten wieder ans Ufer zurück. Die feindseligen Gefühle waren auf beiden Seiten stark. Die Frauen stellten sich jedoch ganz auf die Seite der Engländer. In einem Fall ermordete eine der Frauen absichtlich ihren einheimischen Ehemann, als sie allein in der Höhle waren, in der sie lebten. [1]

[1] Darauf bezog sich Herr Nobbs, als er viele Jahre später in seinem Lied mit dem Titel „Pitcairn" von dem „Geist" spricht, der immer noch auf Tullaloo's Ridge lauert. Tullaloo war der Name des Mannes.

Als ein gewisses Maß an Frieden wiederhergestellt war und die Verdächtigungen ihrer Herren beruhigt waren, verschafften sich die benachteiligten und unterdrückten Tahitianer Waffen und fielen über die Weißen her, während diese in aller Ruhe auf ihren Landstücken arbeiteten, und jagten und erschossen sie. Fletcher Christian, John Mills, Isaac Martin, William Brown und John Williams wurden getötet. William McCoy und Matthew Quintall entkamen in die Wälder, während John Adams, der zunächst in die Wälder entkam, bei seiner Rückkehr angeschossen und schwer verwundet wurde. Als er wieder zu sich kam, rannte er vor seinen Verfolgern davon und wollte sich auf die felsigen Klippen stürzen, aber die Verfolger zeigten durch verschiedene Zeichen, dass sie keinen weiteren Schaden anrichten wollten. Nachdem er sich seiner Sicherheit versichert hatte, kehrte er mit ihnen in eines der Häuser zurück, wo er freundlich behandelt wurde. Edward Young, ein Liebling der Frauen, war von ihnen versteckt worden und entging so den Gefahren, denen die anderen ausgesetzt waren. So blieb das Leben von vier der neun Meuternden verschont. Aber Frieden war noch nicht in Sicht. Wie war das möglich, wenn die Männer und Frauen, die zurückblieben, ungehindert jedes Laster praktizierten, das Männlichkeit und Weiblichkeit erniedrigen konnte? Verrat und Blutvergießen wüteten noch immer unter ihnen, und niemand fühlte sich seines Lebens sicher.

DER LANDEPLATZ, BOUNTY BAY.

Es wird eine Geschichte darüber erzählt, wie es zum Tod eines der einheimischen Männer kam. Es war, bevor jemand getötet worden war. Der Mann, genannt Timiti, war eines Fehlverhaltens beschuldigt worden und wurde den Engländern vorgeführt, um ihn vor Gericht zu stellen. Christian, so heißt es in der Geschichte, ging, während er den Fall verhandelte, durch die versammelte Gesellschaft hin und her, um das Ergebnis des Prozesses zu sehen. Timiti, der nur zu gut wusste, dass sein Urteil der Tod sein würde, nutzte die Gelegenheit, als Christian gerade dabei war, sich umzudrehen, um einen Sprung zur offenen Tür zu machen. Bevor sich seine Richter von ihrer Überraschung erholen konnten, war er zu weit unterwegs, als dass er leicht überholt werden konnte, und seine Verfolger mussten ohne ihn zurückkehren. Er nahm einen kurzen Abzweig zum Meer, stieg schnell die steilen Klippen hinab und lief über das felsige Ufer. Er schwamm über Orte, an denen es keinen Fußweg gab, und ging den Rest des Weges zu Fuß, bis er schließlich einen Ort auf der Südseite der Insel erreichte, der unter dem Namen Taowtama bekannt ist. Hier gelang es ihm, sich eine Zeit lang zu verstecken, bis ihn jemand aus der Höhe entdeckte und einer Lieblingsbeschäftigung nachging, die *ihara* (ausgesprochen *e-hurra*) genannt wurde.

Bald verbreitete sich die Nachricht, dass Timitis Versteck entdeckt wurde und ein anderer Eingeborener namens Menálee ausgesandt wurde, um ihn zu sichern. Auch einer seiner Gefährten begleitete ihn, und schon bald waren sie am Ort. Timiti, der Verrat vermutete, wäre geflohen, doch die beiden Männer entwaffneten ihn durch ihre fairen Reden und das Essen, das sie ihm gebracht hatten, schnell von seinem Verdacht. Um ihn noch mehr zu überzeugen, holten sie einen Kamm hervor und überredeten ihn, ihm die Haare kämmen zu dürfen. Nachdem sie ihn auf diese Weise in ihre Gewalt gebracht hatten, war der Rest ein Kinderspiel, und ein paar Sekunden genügten, um den armen Kerl zu erledigen.

Nach dem Massaker an Christian und seinen Gefährten wandten sich die einheimischen Männer gegeneinander, und die vier verbliebenen Engländer, unterstützt von den Witwen der ermordeten weißen Männer, taten sich zusammen, um die Insel von diesen „Friedensstörern" zu befreien, so dass in a Kurze Zeit nach der Tötung der Meuterer wurde auch jeder einzelne einheimische Mann hingerichtet.

Während dieser schockierenden Szenen muss jeder menschliche Impuls und jedes gute Gefühl beinahe erloschen sein! Zu den schrecklichen Übeln, die begangen wurden, kam noch hinzu, dass McCoy, der in einer Brennerei aufgewachsen war, viel Zeit damit verbrachte, aus den Wurzeln der Teepflanze glühenden Schnaps zu destillieren . Quintall half ihm, indem er seinen „Teekessel in eine Destillieranlage umbaute". Diese beiden Männer waren dabei nur allzu erfolgreich. Trunkenheit kam zu der bereits langen Liste von Lastern hinzu und kam häufig vor. In McCoys Fall brachte sie ihre eigene Strafe mit sich, denn in einem Anfall von Delirium machte er sich auf den Weg zum felsigen Ufer, band einen Stein um seinen Körper und warf sich ins Meer. Die Leiche wurde von einem kleinen Mädchen, einer Tochter von John Adams, gefunden und in die kleine Siedlung gebracht und begraben.

Quintall, McCoys Gefährte, starb durch die Hände seiner beiden verbliebenen Schiffskameraden. Immer unordentlich und lästig, provozierte er einen Streit, wann immer er konnte, und bedrohte häufig das Leben von Young und Adams, sodass er für sie zu einem ständigen Schrecken wurde. Als Beispiel für seine wilde Natur wird die Geschichte überliefert, dass seine Frau eines Tages angeln ging und es ihm nicht gelang, genug zu besorgen, um Quintall zufrieden zu stellen, und er sie bestrafte, indem er ihr ein Ohr abbiss. [2] Wie Williams verlor auch er seine Frau, und auf die gleiche Weise fiel sie von den Felsen, als er Vögel jagte. Ungeachtet der furchtbaren Folgen, die ein Verbrechen der gleichen Art kurz zuvor so schnell nach sich zog, verlangte Quintall die Frau eines seiner beiden verbliebenen Gefährten. Ihre Weigerung, seinen Forderungen nachzukommen, veranlasste ihn, zu versuchen, seine oft wiederholten Drohungen in die Tat umzusetzen. Adams und Young, die wussten, dass ihr Leben in Gefahr war, hielten es für gerechtfertigt, Quintalls Leben ein Ende zu setzen.

[2] Als Tatsache behauptet.

Die Gelegenheit bot sich bald, und eines Tages, als er im Haus von John Adams war, wurde er von den beiden anderen Männern angegriffen und überwältigt. Mit Hilfe eines Beils wurde das schreckliche Werk des Todes bald vollendet. Die Tochter von John Mills (die bis zum Alter von dreiundneunzig Jahren lebte), damals ein junges Mädchen von acht oder neun Jahren, war Augenzeugin der schrecklichen Tat und pflegte zu erzählen, wie verängstigt die ganze kleine Gruppe war Frauen und Kinder, die die blutbespritzten Wände betrachteten. Die schreckliche Szene prägte sich im Laufe von mehr als achtzig Jahren lebhaft in ihrem Kopf und in ihrer Erinnerung ein.

KAPITEL III.

Die Meuterer entdeckt

Da die beiden Hauptursachen für Ärger und Unheil nun beseitigt waren, bestand die Aussicht, mehr Ruhe und Frieden zu genießen als je zuvor. Von den fünfzehn Männern, die auf der Insel gelandet waren, waren nur noch zwei übrig. Diese beiden, Adams und Young, trugen die gesamte Verantwortung für die junge und wachsende Kolonie und erkannten die Dringlichkeit der Lage. Young war von Natur aus nachdenklich und ernsthaft, und die Szenen, die er und Adams miterlebt und an denen sie teilgenommen hatten, verstärkten die ernsten Eindrücke, die auf sie beide gemacht worden waren, und sie beschlossen, ihre eigenen Kinder und die ihrer unglücklichen Gefährten so gut wie möglich auf den Pfaden der Tugend und des Rechts zu erziehen. Youngs hervorragende Ausbildung machte ihn besser für das ernste Unterfangen geeignet; aber er überlebte seine Reue nicht lange. Er litt seit langem an Asthma und starb an dieser Krankheit im Jahr 1800, etwa ein Jahr nach Quintalls Tod.

John Adams war nun der einzige Überlebende. Mit tiefer und anhaltender Reue für seinen früheren Lebensweg bemühte er sich, die Missetaten der Jahre wieder gutzumachen, indem er den jungen und aufstrebenden Generationen um ihn herum die richtigen Prinzipien einflößte. Allein und ohne Hilfe bei der gigantischen Aufgabe ließ er sich nicht den Mut nehmen, bei dem Unterfangen zu scheitern, und seine Ernsthaftigkeit, die er in die richtige Richtung lenkte, konnte nicht umhin, ein gewisses Maß an Erfolg zu erzielen. Die Zahl der Kinder, die die Meuterer geboren hatten, betrug 23. Fletcher Christian hinterließ drei Kinder; John Mills, zwei; William McCoy, drei; Matthew Quintall, fünf; Edward Young, sechs; und John Adams, vier. John Williams, ein Franzose, Isaac Martin, ein Amerikaner, und William Brown, ein Engländer, hinterließen keine Kinder.

John Adams erzählte immer, dass er durch einen Traum zum ersten Mal ernsthaft über die Lage der hilflosen und unwissenden Jugendlichen nachdachte, die so plötzlich und unerwartet in seiner Obhut gelassen wurden, und dass er sich der schweren Verantwortung bewusst wurde, die auf ihm ruhte, da er der einzige Lehrer war, den man für sie finden konnte, obwohl er für diese Aufgabe völlig ungeeignet war. Es war ein später Anfang, aber er ging mit ganzem Herzen in die Arbeit. Eine Bibel und ein Gebetbuch, die er von der *Bounty gerettet* hatte, waren die einzigen Mittel, die ihm zur Verfügung standen, um den jungen Leuten das Lesen beizubringen. Aber mit Gottes Segen für seine bescheidenen Bemühungen hatte John Adams die Genugtuung, die Kinder solch verrufener Abstammung um sich herum aufwachsen zu sehen, ruhig, friedlich, fleißig und glücklich und mit einer wachsenden Liebe zu Tugend und strenger Moral. Ein schöner Aspekt des Ganzen war die Liebe, die sie unter der väterlichen Führung von John Adams zu einer Familie vereinte. So waren die Lebensbedingungen auf Pitcairn Island, als Kapitän Mayhew Folger vom amerikanischen Schiff *Topaz 1808* zufällig entdeckte, dass die Insel bewohnt war. Nachfolgend ist ein Teil eines Briefes wiedergegeben, den der Schreiber von Herrn Robert Folger (einem Sohn des oben genannten Kapitäns) erhielt, der ihm freundlicherweise die Erlaubnis erteilte, ihn zu verwenden. Der Brief war datiert auf Massillon, Stark County, Ohio, 4. August 1882. Nachdem er seine Gründe für das Schreiben genannt hatte, geht der Brief wie folgt weiter:

„Mein Bruder, meine Schwester und ich sind die einzigen überlebenden Kinder von Kapitän Mayhew Folger vom Schiff *Topaz* aus Boston, dem Entdecker der Kolonie auf Pitcairns Insel im Februar 1808. Ich bezeichne den Überlebenden der *Bounty*- Besatzung auf der Insel nicht gerne als Meuterer, denn ich kann mich des Gefühls nicht erwehren, dass Blighs Grausamkeit gegenüber seinen Männern so gut wie alles von Seiten der Menschen an Bord rechtfertigte. .. Ich kann jetzt sagen, dass ich seit fast fünfundzwanzig Jahren Fakten über die Pitcairninsel sammle.

„Ich habe Blighs eigenen Bericht über die Meuterei, ,Delano's Voyages', das Logbuch meines Vaters mit seinem handschriftlichen Eintrag darin, der, soweit ich mich jetzt erinnere, auf den 8. Februar 1808 datiert ist – Lady Belchers Buch ,The Mutineers of the *Bounty*' – und zahlreiche Briefe und Zeitungsveröffentlichungen.

„Wenn Sie eine Kopie des Tagebucheintrags meines Vaters möchten, werde ich ihn gerne transkribieren und Ihnen zusenden. Ich kann schon im Voraus sagen, dass er als Schiffskapitän die allgemeine Stimmung der Welt und insbesondere der Schiffskapitäne gegen den ,Erzmeuter' Christian teilte.

„Die Geschichte Ihrer Insel wird lange, ich kann sagen, immer ein Wunder bleiben. Während der sechzig Jahre, die ich mich daran erinnere, war sie ein Wunder und wird es auch weiterhin bleiben, da Wunder nie an Interesse verlieren. Dreivierteljahrhunderte sind vergangen, seit Captain Mayhew Folger die Kolonie entdeckte, und das Interesse an der Geschichte der Insel ist ungebrochen. Die Insel kann nicht erwähnt werden, ohne selbst bei den Ungebildeten ein Staunen über die Geschichte der Kolonisten, ihren gegenwärtigen Status und alles, was sie betrifft, hervorzurufen.

„Im Zusammenhang mit der Wahrheit über die Kolonisten wurden viele Irrtümer und Unsinn veröffentlicht. *Blackwood's Magazine* ist nicht frei von Beteiligung an der Verbreitung höchst sinnloser Behauptungen, die vor etwa 24 Jahren in diesem Land wiederholt wurden. Es gibt nur wenige Lebende, die sich in die Geschichte Pitcairns hineinversetzen können , und, was für mich am merkwürdigsten und unerklärlichsten ist, eine große Zahl Möchtegern-Historiker erhebt den sinnlosesten Anspruch, die Geschichte der Insel von der Ankunft der *Bounty* bis zur Ankunft der *Topaz zu korrigieren* – eine Zeitspanne von zwanzig Jahren, in der nichts über die Insel bekannt war oder bekannt sein konnte, und bis zur Ankunft der *Topaz* im Februar 1808 nichts bekannt war.

„Sie hatten zweifellos Zugang zu dem Bericht von Kapitän Bligh über die Meuterei sowie zu „Delano's Voyages", veröffentlicht im Jahr 1817, in dem zwei Briefe von Kapitän Folger enthalten sind, einer an Kapitän Delano und einer an die Lords of the Admiralty, RN, und die von ihnen durch Konteradmiral Hotham empfangen wurde, der 1813, glaube ich, im Krieg von 1812 das Kommando über das englische Blockadegeschwader an unserer Küste hatte ... Es geschah durch Rear- Admiral Hotham, dass mein Vater den Azimuth-Kompass geschickt hat, und vor fünf Jahren habe ich in einer Veröffentlichung (ich kann nicht sagen, welche) bemerkt, dass die Marine Ihrer Majestät das Chronometer *der Bounty erhalten hatte* , das meinem Vater in Valparaiso abgenommen wurde, als sein Schiff dort war wurde vom spanischen Gouverneur von Chile beschlagnahmt, als er die südamerikanische Küste erreichte, nachdem er die Pitcairninseln besucht hatte.

„Da Ihr Großvater, Herr Buffett, ‚Delanos Reisen' erwähnt, haben Sie vermutlich auch dieses in vielerlei Hinsicht merkwürdige Buch gelesen. Im Wesentlichen ist der Teil, der sich auf meinen Vater bezieht, richtig. Kapitän Delano besuchte meinen Vater 1817 in Kendal ... Wenn Sie Mr. Delanos Buch lesen, werden Sie einen Brief an die Lords der Admiralität finden, der in Kendal datiert ist ... Wenn ich eine Geschichte der Insel schreiben müsste, könnte ich das Geben Sie eine chronologische Aussage, die geordnet und kritisch korrekt wäre, da ich glaube, dass ich in meiner Bibliothek jedes Datum von der Entdeckung der Insel im Jahr 1767 durch Kapitän Cartaret auf dem HBM-Schiff *Swallow* bis zur Gegenwart habe ...

„Nachdem ich das Vorstehende geschrieben hatte, kam ich zu dem Schluss, alle Einträge aus dem Logbuch meines Vaters zu kopieren, in dem die Insel erwähnt wird ...

„'Schiff *Topaz* aus Boston, Mayhew Folger Kapitän, auf einer Robbenjagd in den Südpazifik, 1808.

„'Samstag, 6. Februar. – Erster Teil leichter Wind aus Osten, Richtung Westen nach Süden, halb nach Süden nach Kompass. Um 13:00 Uhr sah MAN , dass das Land nach Südwesten und dann nach Westen zur Hälfte nach

Westen tendierte. Mit einer leichten Brise im Osten wurde das Land auf die Insel Pitcairn zugesteuert, die 1767 von Kapitän Cartaret auf der Schaluppe *Swallow seiner britischen Majestät entdeckt wurde* . Um 2 UHR MORGENS lag die Insel zwei Meilen entfernt im Süden. Machen Sie Pause und machen Sie weiter, bis es hell wird. Um 6 UHR MORGENS brechen wir mit zwei Booten auf, um die Gegend zu erkunden und nach Robben zu suchen.

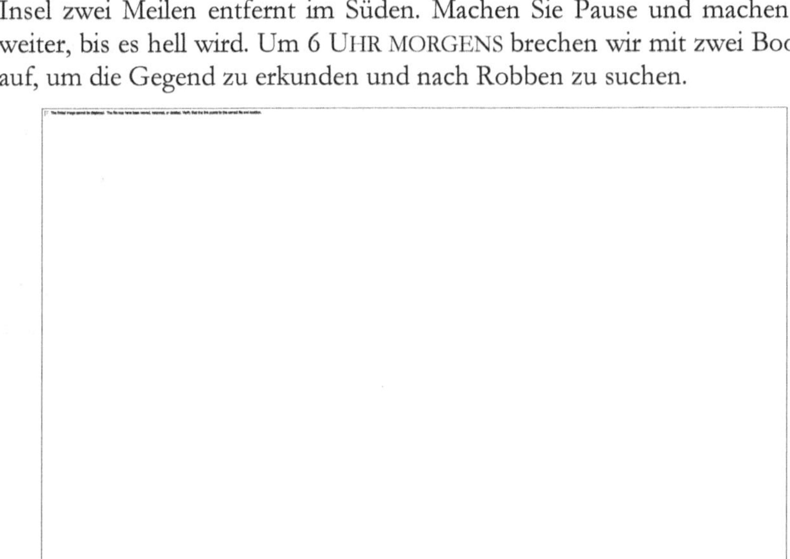

BOUNTY BAY VON DEN KLIPPEN.

„Als ich mich der Küste näherte, sah ich Rauch über dem Land, was mich sehr überraschte, da Kapitän Cartaret mir sagte, dass es dort keine Einwohner habe.

„Als ich mich noch weiter dem Land näherte, entdeckte ich ein Boot, das mit drei Männern an Bord auf mich zupaddelte. Als wir uns dem Boot näherten, riefen sie mich auf Englisch an, fragten, wer der Kapitän des Schiffes sei, und boten mir eine Anzahl Kokosnüsse an, die sie als Geschenk mitgebracht hatten, und baten mich, an Land zu gehen, da, wie sie sagten, ein weißer Mann an Land sei.

„Ich ging an Land und fand dort einen Engländer namens Alexander Smith, den einzigen Überlebenden von neun Menschen, die an Bord des Schiffes *Bounty* , Kapitän Bligh, unter dem Kommando des Erzmeuters Christian entkamen. Smith teilte mir mit, dass Kapitän Christian, nachdem er Kapitän Bligh in das Langboot gesetzt und es aufs Meer geschickt hatte, nach Otaheite weiterreiste. Dort machten alle Meuterer Halt, außer Christian selbst, Smith und sieben anderen. Sie alle nahmen sich auf Otaheite Frauen und sechs Männer als Diener und fuhren zur Pitcairninsel, wo sie all ihre Habseligkeiten an Land brachten, das Schiff *Bounty* an Land brachten und es abwrackten, was, soweit er sich erinnern konnte, im Jahr 1790 geschah. Bald darauf wurde einer aus ihrer Gruppe verrückt und ertränkte sich; ein anderer starb an einem Fieber, und nachdem sie etwa vier Jahre auf der Insel geblieben waren, griffen ihre Diener sie an und töteten sechs von ihnen. Nur Smith blieb am Leben, schwer verwundet durch eine Pistolenkugel im Nacken. Er und die Witwen des Verstorbenen standen jedoch auf und töteten alle Diener, so dass er als einziger überlebender Mann auf der Insel mit acht oder neun Frauen und mehreren kleinen Kindern zurückblieb. Er machte sich sofort an die Arbeit und bestellte den Boden, so dass er für alle reichlich Ertrag brachte, und er lebte sehr komfortabel als Oberbefehlshaber der Pitcairninsel. [3]

[3] Es besteht ein kleiner Unterschied zwischen der Aussage von Kapitän Folger und den wahren Tatsachen jener frühen Tage, wie sie von Generation zu Generation weitergegeben wurden, von denen (insbesondere Susanna, das fünfzehnjährige Mädchen aus Tahiti), die Augenzeugen der schrecklichen Szenen waren, die sich abspielten, als es auf Verrat im Umgang zwischen Herr und Diener zu Blutvergießen kam.

„Alle Kinder der verstorbenen Meuterer sprechen passables Englisch; einige von ihnen sind zu Männern und Frauen herangewachsen, und um ihnen gerecht zu werden, halte ich sie für ein sehr menschliches und gastfreundliches Volk. Und was auch immer die Fehler oder Verbrechen von Smith, dem Meuterer, in früheren Zeiten gewesen sein mögen, heute ist er ein ehrenwerter Mann und kann den Seefahrern, die diesen riesigen Ozean durchqueren, von Nutzen sein.

„Das ist die Geschichte von Christian und seinen Mitarbeitern. Bedenken Sie, dass diese Insel kaum mit Süßwasser versorgt ist, so dass es für ein Schiff unmöglich ist, sich mit Frischwasser zu versorgen. Ich platziere es auf dem Breitengrad 25° 2' südlicher Breite und 130° westlicher Länge seit meiner letzten Mondbeobachtung.

„'Sonntag, 7. Februar. – Leichter Wind aus östlicher Richtung und sehr heiß. Das Schiff legte ab und zu, ich blieb mit dem freundlichen Smith und seinen wirklich guten Leuten bis 16 UHR AN LAND , verließ sie dann, ging an Bord und segelte, steuerte südöstlich und südöstlich nach Osten, nach Massafuero, nachdem ich vom Schiff empfangen hatte Menschen am Ufer einige Schweine, Kokosnüsse und Kochbananen. Mittags orientierte sich die Insel in einer Kompassentfernung von 34 Fuß von Nordwesten nach Norden. Breitengradbeobachtung 25° 31' Süd usw.'"

Nachdem Kapitän Folger die kleine Kolonie auf den Pitcairninseln zufällig entdeckt hatte, wusste man fast sechs Jahre lang nichts mehr von ihnen oder hörte etwas von ihnen. Im Jahr 1814 kamen die Schiffe Ihrer Majestät, *Briton* und *Tagus* , unter dem Kommando von Kapitän Staines und Kapitän Pipon, auf einer Kreuzfahrt von den Marquesas-Inseln nach Valparaiso zurück und kamen in der Nähe der Insel vorbei. Der Anblick eines Schiffes war so merkwürdig, dass die junge Frau, die die beiden zuerst der Insel näher kommen sah, losrannte, um es den anderen mitzuteilen, indem sie sagte, dass „zwei *Paafata* [ein auf vier Pfosten errichteter Holzboden, auf dem das Futter für ihre Ziegen gelagert wurde] mit den Pfosten nach oben auf das Ufer zutrieben". Doch das erfahrene Auge von John Adams erkannte bald, um welche Besucher es sich handelte.

Die Leute an Bord waren nicht wenig überrascht, von ihren Schiffen aus das Land mit regelrechten Plantagen zu sehen. Auch die Häuser, die man sehen konnte, unterschieden sich in ihrer Bauweise von denen der anderen Inseln, die sie kürzlich besucht hatten. Kurz darauf sah man ein Kanu auf die Schiffe zupaddeln. Zum Erstaunen der Leute an Bord riefen die Besucher vom Ufer, als sie nahe genug kamen, um mit denen auf der *Briton zu sprechen* , in einfachem Englisch: „Wollen Sie uns jetzt nicht ein Seil zuwerfen?" Man warf ihnen ein Seil zu und hieß sie herzlich an Bord willkommen.

Das Geheimnis wurde geklärt, als sie bei ihrer Befragung sagten, sie seien Thursday October Christian, Sohn des Meuterers Fletcher Christian, und George Young, Sohn des Midshipman Edward Young. Ersterer wurde nach dem Tag und dem Monat seiner Geburt benannt. Er wurde als „großer und gutaussehender junger Mann von etwa vierundzwanzig Jahren beschrieben, dessen spärliche Kleidung aus einem Hüfttuch bestand und er einen breitkrempigen Strohhut trug, der mit schwarzen Hahnenfedern geschmückt war." Sein Begleiter, George Young, soll ein „guter, edel aussehender Jugendlicher im Alter von 17 oder 18 Jahren" gewesen sein. Als sie nach unten eingeladen wurden und ihnen das Essen serviert wurde, überraschten sie ihre freundlichen Gäste noch mehr, indem sie ehrfürchtig um einen Segen baten, bevor sie ihr Essen aßen. Auf eine Frage antworteten sie, dass ihnen John Adams den guten Brauch beigebracht habe. Den beiden jungen Männern wurde jede Art von Freundlichkeit entgegengebracht, und als sie zu einer Kuh an Bord des Schiffes gebracht wurden, sorgten sie für einige Unterhaltung, indem sie fragten, ob das Tier „eine riesige Ziege oder eine gehörnte Sau" sei.

DONNERSTAG OKTOBER CHRISTIAN.

Kapitän Sir Thomas Staines ging an Land und war angenehm überrascht, dass die junge Kolonie unter der patriarchalischen Herrschaft von John Adams harmonisch zusammenlebte. Die bescheidenen Inselbewohner hatten große Angst davor, dass ihnen ihr einziger Ausbilder und Lehrer entzogen werden könnte, zumal er sich entschieden hatte, sich selbst aufzugeben, sollte dies von ihm verlangt werden. Aber die tahitianischen Frauen flehten energisch darum, dass man ihm erlauben möge, zu bleiben, und der humane Kapitän, der von der Szene selbst zutiefst berührt war, klammerte sich an John Adams und weinte, während er flehte, und beschloss, sie nicht zu stören. Gleichzeitig riet er Adams, nicht zum Landungsplatz hinunterzugehen, wo sich das Boot befand, und entschuldigte sich selbst damit, dass der Weg zum Strand so holprig und steinig sei, dass der alte Mann sich nicht wagen könne. Der Rat wurde befolgt, Adams begleitete den gutherzigen Kapitän nur auf einem Teil des Weges. Er dankte ihm für die rücksichtsvolle Rücksichtnahme, die er sich selbst und seinen Leuten entgegenbrachte, verabschiedete sich von Kapitän Staines und kehrte in das kleine Dorf zurück.

The linked image cannot be displayed. The file may have been moved, renamed, or deleted. Verify that the link points to the correct file and location.

- 20 -

KAPITEL IV.

Das Juwel des Pazifiks

PITCAIRN ISLAND, das durch die bereits erzählten Ereignisse deutlich wurde, ist unbedeutend klein, mit einem Umfang von nur etwa fünfeinhalb Meilen und einer Breite von zweieinhalb Meilen. Als sich die Meuterer zum ersten Mal dort niederließen, war es dort dicht mit Bäumen bedeckt, wo es genug Boden gab, damit ihre Wurzeln sich festsetzen konnten; Aber im Laufe von hundert Jahren, in denen wilde Ziegen in Herden über bestimmte Teile der Insel streiften, sind viele Bäume verschwunden. Der so freigelegte Boden hat durch die Abschwemmung durch starke Regenfälle stark gelitten, und von dem einst üppigen Wachstum der Bäume ist kaum noch eine Spur übrig. Vom Meer aus betrachtet wirkt die Insel an zwei oder drei Stellen karg und steril. Seine isolierte Lage mitten im Ozean, seine felsigen Küsten und steilen Klippen beeindrucken den Betrachter gleichermaßen mit dem Gefühl der Sicherheit, die ein solcher Ort denjenigen bieten würde, deren Hauptziel darin bestand, ihre Verbrechen zu verbergen und außerhalb der Reichweite von Menschen zu gelangen. verdiente Strafe.

Der höchste Teil der Insel liegt etwa 1.119 Fuß über dem Meeresspiegel. Gegen Norden liegt ein kaum weniger hoher Gipfel oder riesiger Felsen, der Goat House genannt wird. Eine Höhle in der Seite dieses Felsens, die teilweise von hohen Bäumen verdeckt wird, soll Christian und seinen Gefährten als Rückzugsort gedient haben, falls sie gesucht und ihre einsame Insel entdeckt werden sollte. Der Gipfel über der Bounty Bay, der Ship-landing Point genannt wird, weil er direkt über der Stelle liegt, an der die *Bounty* in die Nähe der Felsen getrieben und zerstört wurde, wird als „von beträchtlicher Schönheit" beschrieben. Er erhebt sich in kühner Silhouette fast senkrecht aus dem Meer, seine schroffe, felsige Front wird hier und da durch Gras- und Strauchflecken gemildert. Die Landschaft rund um die kleine Bucht mit ihrem felsigen Ufer ist immer wunderschön. Weinbewachsene Bäume mit intensiv grünem Laub – vor allem die *Pandanuspalme* – gedeihen in üppigem Wachstum ganz in der Nähe des Wassers, wo die Gischt häufig ihre Zweige befeuchtet, während die sanfte Meeresluft den köstlichen Duft der süßesten Blume, die die Insel zu bieten hat, verbreitet, der *Morinda citrifolia* , die von den Inselbewohnern einfach „High White" (Hochweiß) genannt wird, im Gegensatz zu den reinweißen Blüten der Wunderblume, die auf einem niedrigen Busch blüht.

Von Norden aus betrachtet, nahe der höchsten Spitze von Ship-landing Point, ist eine natürliche Kuriosität zu sehen: ein riesiger Teil des Felsens, der im Profil die Darstellung eines Männerkopfes von gigantischer Größe zeigt. Er wird Old Man's Head genannt und es ist nicht schwer, sich vorzustellen, dass er mit einem Ausdruck milder Güte auf die kleine Bucht herabblickt. Der Aufstieg vom Landeplatz ist sehr steil, wird aber durch eine sehr erträgliche Straße, die die paar hundert Fuß hinaufführt, vergleichsweise leicht gemacht.

Auf der Südostseite der Insel befindet sich der Ort „The Rope", der so genannt wird, weil früher der steile Abstieg nur mit einem Seil bewältigt werden konnte. Ein Zickzackpfad, der nur breit genug ist, um Halt zu bieten, führt nun vom hohen Abgrund zum Wasser hinab. Die steilen Klippen, die fast senkrecht vom Ufer aufragen, sind von grandioser Schönheit. Die vielfältigen Farben des Bodens, der Felsen und des Laubwerks der Bäume, alle miteinander vermischt oder kontrastiert in den Schattierungen von Schwarz und Grau, Gelb und Braun, Rot und Grün, machen die Landschaft insgesamt angenehm; und nicht weniger schön ist der Anblick des Wassers der kleinen Bucht, wenn es sich ruhig und glatt wie ein See ausbreitet, ohne eine Welle auf seiner Oberfläche, oder wenn mit wildem und tosendem Rauschen eine Welle nach der anderen bricht und rollt in Richtung Ufer und hinterließ die Wasseroberfläche, als wäre sie mit Wogen herrlichster Spitze, rein und weiß, bedeckt.

WEG DURCH KOKOSHAIN.

In der geschütztesten Ecke der Bucht, am Rope, befindet sich ein kleiner Sandstreifen, an dessen einem Ende, am Fuße des Felsens, der darüber thront, die Meuternden einige Steinäxte und andere Werkzeuge fanden, die von den Eingeborenen, die die Insel ursprünglich bewohnten, hergestellt und verwendet wurden. Auch hier sind einige der Figuren, die von den primitiven Künstlern jener vergangenen Zeiten geschaffen wurden, in die Felsen gehauen. Die meisten Figuren sind durch die mehr als ein Jahrhundert andauernde Einwirkung aller Arten von Witterungseinflüssen ausgelöscht worden. Einige sind jedoch noch deutlich zu erkennen, wie man auf der beigefügten Abbildung sehen kann.

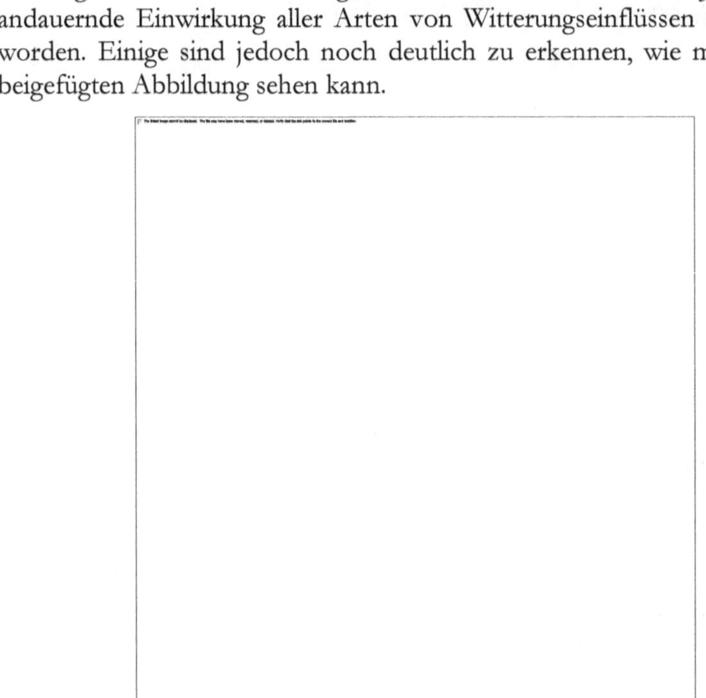

IN DEN FELSEN AM SEIL GESCHNITTENE FIGUREN.

Die *Pandanuspalme* mit ihren dichten Zweigen mit herabhängenden Blättern säumt die Ufer der Bucht fast über die gesamte Länge. Die unzähligen riesigen Steine und Felsen, die den Boden der Bucht bedecken, machen es für ein Boot unmöglich, anzulegen. In den Gewässern wimmelt es von Myriaden kleiner Fische. Der Meeresarm fristet sein Dasein in den vielen Tümpeln mit Sandboden, während die Flusskrebse und die Wellhornschnecken, die beide gegessen werden, unter und zwischen den mit Seegras bedeckten Felsen leben, die in der flachen Bucht im Überfluss vorhanden sind. Wenn man vom Grat des Rope nach Norden blickt, fällt der Blick auf ein kleines, aber schönes Tal namens St. Paul's Valley, das sich in der Nähe von St. Paul's Rock befindet. Große alte Bäume mit ihren vielfältigen und wechselnden Laubfarben verleihen der Landschaft stets eine schöne Schönheit, während als Begleitung zu ihrer sanften, raschelnden Musik das dröhnende Geräusch der Brandung auf den Felsen weit unten zu hören ist.

Im Tal zwischen Ship-landing Point im Nordosten und dem Goat House im Norden liegt, eingebettet zwischen Bäumen, das kleine Dorf, das vor hundert Jahren von den Meuternden gegründet wurde. Es ist von Kokosnuss- und Orangenhainen umgeben, und der schöne Banyanbaum mit seinem eigentümlichen Wuchs aus langen, seilartigen Wurzeln, die in dichter Fülle herabhängen, und seinen hoch aufragenden Ästen, die zehn Monate im Jahr mit einem frühlingshaften grünen Gewand bedeckt sind, verleiht der Landschaft einen entzückenden Charme.

Obwohl die Insel teilweise felsig ist, besitzt sie dennoch eine malerische Schönheit. Steile Bergrücken und tiefe Täler sind ihre Hauptmerkmale, die beide von großen, alten, Schatten spendenden Bäumen bedeckt sind. Der einzige Nachteil, der einen Spaziergang oder eine Rast unter den Bäumen wirklich genießen lässt, ist das Fehlen singender Vögel, die die Zweige mit ihrem Gesang beleben. Ein kleiner, heimeliger Vogel mit seinem braun-weißen Fell ist der einzige Bewohner des Waldes, mit Ausnahme eines wunderschönen weißen Seevogels, der in der frühen wärmeren Jahreszeit kommt, um sein Ei in einer Nische des kahlen Astes des Banyanbaums oder eines anderen großen Baumes abzulegen. Diese beiden Vögel, der erstere mit seinem ständigen „Zwitschern, Zwitschern" und der letztere mit seinen lebhaften, schrillen Rufen, verleihen den sonst stillen Wäldern etwas Leben. Gelegentlich durchdringen ein paar andere Arten von Seevögeln, die über uns hinwegsegeln, die stille Luft mit ihren Schreien.

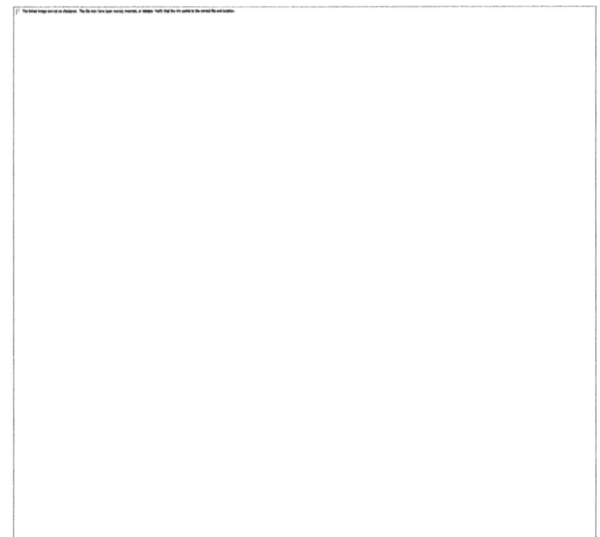

MORINDA CITRIFOLIA.

Farne, von denen es etwa sechsundzwanzig Sorten gibt, schmücken die Täler in lieblicher und reicher Fülle. Wildblumen gibt es nur wenige, und mit einer

Ausnahme sind alle klein, weiß und duftend. Dies ist eine süße kleine Blume, die in den kälteren Monaten des Jahres gerne ihre goldenen Augen öffnet und hauptsächlich am Rand der hohen Abgründe zu finden ist. Es ist ein universeller Favorit. Der „Blumenbaum" (*Morinda citrifolia*) blüht fast das ganze Jahr über, am schönsten ist er jedoch von Oktober bis März. Seine reinweißen Blüten bilden einen starken Kontrast zu den dunklen, glänzenden Blättern, während sein herrlicher Duft und seine schlichte Schönheit ihn zu einem Liebling bei Alt und Jung machen. Kinder, Jungen wie Mädchen, haben immer wieder Freude daran, die Blumen zu Girlanden zu binden, die sie um ihre Hüte tragen.

Die leuchtenden Blüten, die man hier und da sieht, wurden von Zeit zu Zeit eingeführt, meist von den Kapitänen vorbeifahrender Schiffe, die freundlicherweise etwas von ihrem eigenen begrenzten Vorrat zur Verfügung stellten. Viele Samen wurden auch von Freunden aus England, Amerika und den Sandwichinseln geschickt; aber nur die Samen von den letztgenannten Orten haben sich gut entwickelt, die meisten anderen haben sich als Fehlschlag erwiesen, was zweifellos größtenteils auf den Mangel an geeigneter Kultur zurückzuführen ist. Dank der aufmerksamen Güte von Freunden ist die kleine Insel jedoch nicht ganz ohne die schönsten Erzeugnisse der Natur.

Die Orangen sind die wichtigsten Früchte, die die Insel produziert. Die Bäume beginnen frühestens Ende Juli zu blühen und blühen bis Oktober. Die Saison der Früchte ist von April bis November. Da die Bäume gelegentlich eine zweite Ernte hervorbringen, ist es nicht ungewöhnlich, dass sie das ganze Jahr über Früchte tragen. Wassermelonen, Zuckermelonen, Ananas, Rosenäpfel und Feigen haben von November bis April Saison. Bananen, von denen es einige Sorten gibt, gibt es das ganze Jahr über, sie sind jedoch von Januar bis Juni am besten. Die Guave wächst wild und von März bis Juli sind die Bäume voller Früchte. Es können auch Weintrauben angebaut werden. Das Zuckerrohr ist auch eines der wichtigsten Produkte der Insel, wobei der aus seinem Saft hergestellte Sirup anstelle von Zucker verwendet wird. Pfeilwurz wird mit Gewinn angebaut. Der Herstellungsprozess ist sehr arbeitsintensiv. Die Pflanzen werden in den Monaten Oktober und November in die Erde gesetzt und die Wurzeln sind im Juni vollständig ausgereift. Die Yamsernte beginnt zur gleichen Zeit wie die Pfeilwurzernte und dauert genauso lange, bis sie reif ist.

Dies sind einige der heutigen Erzeugnisse der kleinen Insel, die zum Versteck der Meuterer wurde. Sie selbst brachten zweifellos Brotfrucht, Kokosnuss, Taro, Yams und eine Art Süßkartoffel mit. Die Orte, die sie einst besaßen und bewirtschafteten, werden immer noch nach ihnen benannt, wie John

Adams' Breadfruit Patch, Ned Young's Ground, McCoy's Valley und so weiter und so fort. Aber während ihre Namen erhalten geblieben sind, ist jede Spur ihrer Begräbnisstätten verloren gegangen, mit Ausnahme des Grabes von John Adams.

Pitcairn! Dir, Land meiner Geburt,

Ich bringe mein Lied;

Deine Hügel und Täler, Bäume und Blumen,

Ich singe ihr Lob.

Die Kokosnuss mit wehenden Federn

Von leuchtendem Grün,

Die süß duftenden Orangenblüten,

Beides ist hier zu sehen.

Und stattliche Bäume und üppige Früchte,

Dein Boden liefert;

Aber die bereichernden Schauer und Regenfälle

Der Himmel bestreitet.

Du warst einst fruchtbar, reich und grün,

Aber jetzt, wie kahl;

Und doch bist du immer noch schön,

Immer noch süß und fair.

Solche unvergleichlichen Tage mit ruhigem, schönem Himmel

Deine Sommer bringen!

Und schön sind auch alle Stunden

Vom milden Frühling.

Jede Jahreszeit, während sie herumrollt,

Neue Schönheiten gibt;

Und jedes stille Objekt weint,

„Mein Schöpfer lebt.“

KAPITEL V.

JOHN BUFFETT und JOHN EVANS

Heiraten und Geburten

Um auf John Adams und seine kleine Gemeinde zurückzukommen. Fünf oder sechs Jahre waren seit den Besuchen des *Briten* und des *Tagus vergangen* , und während dieser Zeit war die Tatsache, dass die Insel bewohnt war und von wem, allgemein bekannt geworden. Um das Jahr 1819 machte das Schiff *Hercules der East India Company* unter Kapitän Henderson einen Zwischenstopp auf der Insel und hinterließ einige nützliche und dringend benötigte Geschenke für die Inselbewohner, darunter Zimmermannswerkzeuge, große Eisenkessel usw., wobei letztere hauptsächlich zum Einkochen von Salzwasser zur Salzgewinnung verwendet wurden.

Im Oktober 1823 besuchte das englische Walfangschiff *Cyrus* unter Kapitän Hall die Pitcairninseln. John Adams, der inzwischen schon etwas betagt war und die Gebrechen des Alters zu spüren begann, äußerte gegenüber Kapitän Hall den Wunsch, unter der Schiffsbesatzung jemanden zu finden, der ihm bei der mühsamen Aufgabe, seinen jungen Leuten Unterricht zu erteilen, helfen könnte. Der Kapitän hörte ihm freundlich zu und versprach, zu tun, was er konnte. Er rief seine Männer zusammen, teilte ihnen den Wunsch des alten Mannes mit und fragte, ob einer von ihnen bereit wäre, seiner Bitte nachzukommen. Nach einigem Zögern trat John Buffett, ein 26-jähriger junger Mann, vor und bot seine Dienste an. Da er an keine häuslichen Bindungen gebunden war, betrachtete er es nicht als großes Opfer, zu bleiben.

Buffett war in seiner frühen Jugend bei einem Tischler in Bristol, seinem Heimatort, in die Lehre gegangen. Da er ein umherziehender Charakter war und vor allem das Leben im Meer eine besondere Faszination auf ihn ausübte, gab er sein früheres Handwerk auf, um an Bord des Schiffes Seiner Majestät *Penelope* und erneut auf der *Impregnable zu dienen* . Er erlitt im Sankt-Lorenz-Golf Schiffbruch und wurde anschließend an die Küste Kaliforniens verschleppt, wo er von einem alten spanischen *Kommandanten* des Ortes auf die freundlichste Weise empfangen und versorgt wurde. Letzterer unternahm alle Anstrengungen, um Buffett davon zu überzeugen, sich in Kalifornien niederzulassen, entschied sich jedoch dagegen und machte sich von dort aus auf den Weg nach Honolulu auf den Sandwichinseln, wo er sich den *Cyrus anschloss* . Nach seinen vielen Abenteuern kam er schließlich auf der Insel Pitcairn an, wo er den Vorschlag seines Kapitäns annahm und beschloss, seine Tage unter den Menschen zu beenden, mit denen sein Schicksal nun verbunden war.

Zu seinen Schiffskameraden an Bord der *Cyrus* gehörte ein etwa neunzehnjähriger Jugendlicher namens John Evans, der aus London stammte. Aus Liebe zu Buffett beschloss er, auf der Insel zu bleiben und floh zu diesem Zweck vom Schiff. Da er von sehr kleiner Statur war, gelang es ihm, sich in einem hohlen Baumstumpf zu verstecken, bis das Schiff abgefahren war und es für ihn sicher war, aufzutauchen . Da es dafür keine Hilfe gab, durfte auch Evans Mitglied der Gemeinschaft werden.

Es vergingen nicht viele Monate, bis sowohl Buffett als auch Evans um die Hand zweier Inseljungfrauen anhielten. Buffett stieß auf keinen Widerstand und heiratete zu gegebener Zeit Dorothy, eine Tochter von Edward Young. Evans erhielt nicht so viel Gegenliebe, als er John Adams um die Hand seiner Tochter Rachel bat. Der alte Mann war nicht damit einverstanden, dass die jungen Leute in zu frühem Alter die Ehe eingingen, und Evans war kaum neunzehn; außerdem war der Altersunterschied der beiden jungen Leute aus Sicht des Vaters ein weiteres Hindernis, da die junge Frau einige Jahre älter war. Die Angelegenheit wurde jedoch der Tochter zur Entscheidung vorgelegt. Ihre Antwort kam schnell, kurz und entschied: „Versuch es, Papa." Er willigte schließlich ein, aber nicht ohne Bedenken hinsichtlich ihres zukünftigen Glücks, und sein väterlicher Segen wurde nicht verweigert, als die beiden aufstanden, um eins zu werden, und mit einem Ring vermählt wurden, der aus dem äußeren Kreis einer Napfschneckenschale geformt war.

DIE KAPELLE.

Für einige Leser mag es interessant sein, die Namen der anderen zu kennen, die John Adams durch die Ehe verband. Der Gottesdienst wurde gemäß den

Riten der Church of England durchgeführt. Bei den Parteien handelte es sich natürlich um die Söhne und Töchter aller Meuterer, die Kinder hinterließen, und ihre Namen lauten wie folgt: Matthew Quintall mit Elizabeth Mills, Arthur Quintall mit Katharine McCoy, Daniel McCoy mit Sarah Quintall. Diese beiden letztgenannten jungen Männer schwammen eines Tages zu einem Felsen in beträchtlicher Entfernung vom Ufer und vereinbarten dort, jeder von ihnen die Schwester des anderen zur Frau zu suchen. Von diesem Vorfall erhielt der Felsen seinen Namen, *Táné M'á* , d. h . „Der Ort der Abmachung der Männer". Am Donnerstag, den 17. Oktober heiratete Christian, Sohn von Fletcher Christian und Erstgeborener auf der Insel, Susan, das fünfzehnjährige Mädchen, das mit der *Bounty gekommen war* . Die anderen waren: Charles Christian, verheiratet mit Sarah McCoy, Edward Quintall mit Dinah Adams, George Young mit Hannah Adams, William Young an Elizabeth Mills, Witwe von Matthew Quintall, der auf unbekannte Weise ums Leben kam. Die meisten der jungen Männer fuhren eines Tages mit ihren Kanus zum Fischen hinaus. Sie waren meist in Sprechweite voneinander, aber da Matthew oder Matt, wie er genannt wurde, nicht dabei gesehen wurde, wie er sich um sein Kanu kümmerte, nahmen die anderen an, dass er darin lag. Später stellte sich heraus, dass das Kanu, und niemand wusste, wie lange, ohne Insasse herumtrieb. Die Leiche war gesunken und wurde nie wieder gesehen.

Die folgende Geschichte wird erzählt, um die bindende Kraft zu zeigen, mit der ein Versprechen in jenen frühen Tagen betrachtet wurde: George Adams, der einzige Sohn von John Adams, hatte, als er noch recht jung war, „eine Bindung zu Polly Young entwickelt, aber sie erklärte das." Sie würde George niemals heiraten. Bei Captain Beechys Besuch auf der Insel verwies Adams den Fall an ihn und die anderen Beamten. Sie waren der Meinung, dass die Entscheidung des jungen Mädchens getroffen wurde, bevor sie alt genug war, um ihre eigenen Gedanken zu erkennen, und dass sie „durch den Bruch mehr geehrt werden würde als durch die Einhaltung". Polly betrachtete die Sache jedoch aus einem anderen Licht, gestand jedoch, dass sich ihre Meinung über ihren Geliebten erheblich geändert hatte, seit sie erklärte, dass sie ihn nicht haben wollte. Anschließend heirateten sie, vielleicht nicht „in Eile", aber Polly bereute „in Eile", denn sie entdeckte viel zu schnell, dass ein Zuhause bei George kein „Frauenparadies" bedeutete.

Ein goldener Ring, Eigentum von Edward Young, spielte eine wichtige Rolle bei den damaligen Hochzeitsgottesdiensten und wurde bis etwa in die vierziger Jahre weiter verwendet.

Nur vier der Kinder der Meuterer starben unverheiratet. Einer von ihnen, Johnny, der einzige Sohn des Meuterers John Mills, kam bei einem schrecklichen Sturz von einer hohen Felsklippe ums Leben, wo er auf der

Suche nach Vogeleiern war. Seine Verletzungen waren so schwer, dass er starb, bevor er nach Hause gebracht werden konnte. Der arme Junge war erst vierzehn Jahre alt, als sich der traurige Unfall ereignete. Zwei der Söhne von Edward Young, Robert und Edward, starben beide kurz nach der Rückkehr der Gemeinschaft von Tahiti im Jahr 1831, während Fletcher Christians einzige Tochter, Mary, um das Jahr 1865 auf Norfolk Island an Wassersucht starb. Eine Tochter von Quintall, die vom Pfad der Tugend abgekommen war, wurde von ihrem Bruder so schlecht behandelt, dass sie die Insel verließ, als sie die Gelegenheit dazu hatte. Der Kapitän eines vorbeifahrenden Schiffes, der über die Angelegenheit informiert wurde und den Wunsch der unglücklichen jungen Frau erfuhr, gestattete ihr freundlicherweise eine Überfahrt auf seinem Schiff. Sie wurde auf die Insel Rurutu gebracht, wo sie sehr freundlich aufgenommen wurde. Einer der Häuptlinge der Insel machte sie zu seiner Frau und sie wurde schließlich Mutter einer großen Familie.

So waren die frühen Lieben und Ehen zwischen den Kindern der ursprünglichen Siedler. Familien mit gesunden, kräftigen Kindern wurden großgezogen, und über sie alle präsidierte John Adams, ganz nach der Art der alten Patriarchen, und wurde von der wachsenden Gemeinschaft, die größtes Vertrauen in die Weisheit hatte, als Vater angesehen und respektiert seiner Ratschläge und Lehren. Zum Zeitpunkt des Besuchs von Kapitän Beechy im *Blossom* im Jahr 1825 zählte die Gemeinde 26 Erwachsene und 35 Kinder, also insgesamt 61 Personen. Im Laufe von fünfunddreißig Jahren gab es siebenundzwanzig Geburten, und von den ursprünglichen Siedlern aus der *Bounty* blieben nur John Adams und fünf der tahitianischen Frauen übrig. Diese sechs machten zusammen mit Buffett und Evans acht der erwachsenen Bevölkerung aus.

Als erstmals festgestellt wurde, dass es sich bei der *Blossom* um ein Kriegsschiff handelte, herrschte in der kleinen Gemeinde große Angst, das Schiff sei gekommen, um Adams als Gefangenen nach England zu bringen. Aber sie waren bald beruhigt. Der Kapitän und die Offiziere beeilten sich zu erklären, dass ihr Kommen einem ganz anderen Zweck diente. Als ihnen klar wurde, dass ihre Befürchtungen unbegründet waren und keine Gefahr einer Entfernung des alten Mannes bestand, drängte sich der weibliche Teil der Gemeinschaft um ihn und umarmte ihn auf die liebevollste Weise. Besonders rührend war es zu sehen, wie Hannah Young sich an ihren Vater klammerte und ihn umarmte, wobei sie sogar vor lauter Freude weinte, als ihr klar wurde, dass er nicht weggenommen werden sollte.

GRUPPE INSELJUNGFRAUEN.

Während des gesamten Aufenthalts der *Blossom* wurden Kapitän und Offiziere von den einfachherzigen Inselbewohnern äußerst gastfreundlich empfangen. Besonders die jungen Frauen, die von ihren tahitianischen Müttern eine große Liebe zu Blumen geerbt hatten, machten es sich jeden Morgen zur angenehmen Pflicht, die Mützen der Offiziere mit frisch gebundenen Kränzen aus duftenden Blumen zu schmücken. Die Besucher waren entzückt von den offenen, einfachen Manieren aller Inselbewohner, bemerkten jedoch, dass „hier derselbe deutliche Unterschied zwischen den Geschlechtern herrschte wie auf allen Inseln des Pazifiks, insbesondere war es den Frauen bei den Mahlzeiten nicht gestattet, sich zu den Männern zu setzen; und wenn Kapitän und Offiziere ihre Bemerkungen und Meinungen zu dem Unterschied zwischen den Geschlechtern äußerten, wurden ihre Worte übelgenommen, da sie gegen seit langem bestehende Bräuche zu verstoßen schienen." (Es war nicht so sehr ein „deutlicher Unterschied zwischen den Geschlechtern", sondern eher ein Gefühl unerklärlicher Schüchternheit, das die Frauen in jenen frühen Zeiten davon abhielt, sich mit Fremden an einen Tisch zu setzen. Heutzutage würden die meisten Inselfrauen, die dieselbe Veranlagung von ihren Müttern geerbt haben, bei einem gelegentlichen Besucher, der ihre Gastfreundschaft teilt, viel lieber „stehen und warten", als die Rolle der Gastgeberin zu spielen und sich zu ihren Gästen zu setzen.)

Der Tag begann und endete immer mit Gebeten und Lobpreisungen des göttlichen Vaters für seine Gnade und seine schützende Fürsorge, wobei jede Familie einen kurzen Gottesdienst mit Eltern und Kindern abhielt. Ein Tag galt auch dann nicht als richtig begonnen, wenn die erste Pflicht gegenüber dem Schöpfer vernachlässigt wurde. Diese richtige Sitte wurde und wird von ihren Nachkommen immer religiös eingehalten. Captain Beechy und seine Offiziere hatten während ihres Aufenthalts die Gelegenheit, am Sonntag dem Gottesdienst beizuwohnen. Dieser Tag wurde sehr streng eingehalten. Die Arbeit wurde vollständig eingestellt; es wurde kein Feuer gemacht, das Kochen wurde ausschließlich am Samstag durchgeführt, damit nichts Weltliches die heiligen Pflichten des Ruhetags stören konnte. Beim öffentlichen Gottesdienst am Sonntag half Buffett Adams beim Lesen des Gottesdienstes, wobei ihm die Predigt als besonderer Teil zugeteilt wurde, „von der einige Sätze zwei- oder dreimal vorgelesen wurden", um die Aufmerksamkeit seiner Zuhörer zu erregen und auch, um ihnen zu helfen, die Worte ins Gedächtnis einzuprägen. Buffett fungierte auch als Schulmeister und „fand die Kinder als eifrige und aufmerksame Schüler vor".

Als die *Blüte* die Insel verließ, erzählten die tränenreichen, liebevollen Abschiedsgrüße davon, wie die Herzen aller Inselbewohner für ihre Besucher gewonnen worden waren, deren angenehmer Aufenthalt und fröhliche Kameradschaft so ein Lichtblick in ihrem ruhigen Leben gewesen waren und sich für immer bilden sollten eine ihrer schönsten und erfreulichsten Erinnerungen.

KAPITEL VI.

GEORGE HUN NOBBS.

Tod von John Adams

Der gleichmäßige, ereignislose Lebenskreislauf in der kleinen Gemeinde verlief stetig, „kaum eine Welle bewegte die monotone Oberfläche". Den Boden zu bebauen und in Ordnung zu halten, Häuser für die frisch verheirateten Paare zu bauen, Kanus zu bauen und zu fischen und gelegentlich mit ihren Gewehren hinauszugehen, um Ziegen, Wildgeflügel und Vögel zu schießen, bot den Männern ständige Beschäftigung. Eine beliebte Methode zum Fischen war der Speer, der normalerweise hergestellt wurde, indem fünf in die gewünschte Form gebogene Eisenstücke mit Widerhaken an einer etwa zwanzig Fuß langen Stange befestigt wurden, und in dessen Handhabung die Männer sehr geübt waren. Die Frauen halfen ihren Männern, Vätern und Brüdern immer bei ihren Beschäftigungen im Freien und begleiteten sie manchmal, wenn sie mit ihren Kanus zum Fischen hinausfuhren. Kochen und andere Hausarbeiten sowie die Betreuung der Kinder waren ihre täglichen Aufgaben. Aber ihre Hauptarbeit in den kälteren Monaten des Jahres war die Herstellung einheimischer Stoffe.

Dieses einheimische Tuch, oder *Tappa*, wird aus der Rinde der *Aute*-Pflanze (ausgesprochen Outy), *also* der Papiermaulbeere, hergestellt und hat die Beschaffenheit und Konsistenz von Papier. Die Arbeit ist äußerst mühsam und ermüdend, und wenn der Ertrag der Pflanzen groß ist, nimmt sie manchmal Monate in Anspruch. Dennoch war es notwendig, dies zu tun, da dieses Material fast die gesamte damals verwendete Bettwäsche lieferte.

Wenn jemand, der es nicht gewohnt ist, unter solch lärmverursachender Bettwäsche zu schlafen, es zum ersten Mal versucht, vertreibt das ständige laute Rascheln, das dabei entsteht, in der Regel jeden Schlaf. Kapitän Beechy sprach davon, in Stoffen zu schlafen, die „frisch aus dem Webstuhl zu sein schienen", denn das sei alles, was seine Animateure ihm bieten könnten. Durch häufiges Waschen und Sonneneinstrahlung wird das Material mit der Zeit seiner Steifheit und Geräuschentwicklung beraubt, und bei kaltem Wetter bietet es eine warme Abdeckung, da es jegliche Luft abschließt. Es hat eine leuchtend rotbraune Farbe und wird durch das Färben im Saft des *Doodooee* (Kerzennussbaums) härter. Dieser Farbstoff wird durch Einweichen der Rinde des *Doodooee* in Wasser hergestellt.

In den frühen Tagen wurde dieser steife, unbequeme Stoff von allen getragen, vielleicht mit Ausnahme von John Adams selbst. Die Frauen befestigten Stücke von etwa einem Yard Breite und zwei Yard Länge um die Taille, indem sie einfach die beiden oberen Enden kreuzten und nach innen drehten, um sie festzumachen. Ein weiterer Yard desselben Materials wurde als Körperbedeckung über die Schultern geworfen und dies stellte fast ausschließlich ihre Alltagskleidung dar . Als Sonntagskleidung besaß jede Frau und jedes Mädchen ein Kleid von primitivster Machart, das um den Hals gerafft war und locker von den Schultern fiel und bis etwas unter das Knie reichte. Darunter trug man einen Unterrock wie oben beschrieben, der die gesamte Kleidung vervollständigte. Die Männer und Jungen trugen den Lendenschurz fast ausschließlich an Wochentagen. Sonntags zogen sie ihre Kniehosen an, die nicht bis zum Knie reichten und so das Muskelwachstum ihrer Gliedmaßen zur Schau stellten.

Die häufige Beschäftigung im Freien beiderlei Geschlechts führte zu einer starken Muskelentwicklung ihres Körperbaus und machte sie stark und fähig, eine große Menge körperlicher Arbeit zu ertragen. Dies beraubte den weiblichen Teil der Gemeinschaft jedoch nicht seiner weiblichen Instinkte und ihre weibliche Art blieb erhalten. Ihre Kinder wurden früh erzogen, um bei allen kleinen häuslichen Pflichten zu helfen, die das Haus betrafen, sowie um ihren Eltern bei der Feldarbeit zu helfen; auch war es ihnen nicht erlaubt, der Schule fernzubleiben, wo sie von John Buffett Lesen, Schreiben und Rechnen unterrichtet wurden.

Im Jahr 1828 kam George Hun Nobbs in Begleitung eines Amerikaners namens Bunker von Valparaiso aus auf den Pitcairninseln an. Er hatte den letztgenannten Ort nach mehreren Abenteuern erreicht und dort zum ersten Mal die Geschichte der *Bounty gehört* und wie die Pitcairninsel von den Nachkommen der Meuterer besiedelt wurde. Die Geschichte faszinierte ihn so sehr, dass er beschloss, wenn möglich die Insel zu erreichen und sich bei den Einwohnern niederzulassen. Er besorgte sich also ein Boot, verließ mit Bunker Valparaiso und erreichte zu gegebener Zeit sicher ihr Ziel. Beide Neuzugänge wurden von den Einwohnern herzlich willkommen geheißen.

Nobbs zögerte nicht lange, eine Frau zu umwerben und zu gewinnen; und mit einiger Mühe gelang es ihr schließlich, die Hand von Sarah Christian, einer Enkelin von Fletcher Christian, zu gewinnen. Bunker hatte nicht so viel Glück, denn Peggy Christian hörte nicht auf seine Klage, und ob aus unerwiderter Liebe oder einem vorübergehenden Wahnsinnsanfall, ist nicht bekannt, aber er versuchte sich selbst zu zerstören, indem er sich kopfüber von einer Klippe stürzte. Irgendwie konnte der Sturz aufgehalten und seine Selbstmordabsichten vereitelt werden. Er starb jedoch kurz darauf.

ROSA JUNG. ARTHUR JUNG.

JOHN JUNG. SARAH JUNG.

Das Boot, mit dem die beiden Männer die Reise unternommen hatten, wurde an Land gesetzt, abgewrackt und zum Bau von Nobbs' Haus verwendet. In seiner Selbstdarstellung sagte Nobbs, er sei der „unerkannte Sohn eines Marquis". Da er aufgrund seiner besseren Ausbildung besser als John Buffett dazu geeignet war, die Stelle eines Lehrers unter den Jugendlichen der Insel auszufüllen, übernahm Nobbs schon nach kurzer Zeit die Leitung der Schule und nahm Buffett die Arbeit fast vollständig ab. Buffett neigte dazu, Nobbs' Tat als grobe Ungerechtigkeit zu übelnehmen, aber die Menschen im Allgemeinen befürworteten die Veränderung, hauptsächlich wegen eines schweren Fehlers, den Buffett begangen hatte. Dennoch blieben einige der Eltern dem Lehrer, der zuerst zu ihnen gekommen war, treu und entzogen ihm ihre Kinder nicht, denn trotz seines Fehlers bemühte er sich nach besten Kräften, seine Pflicht ihnen gegenüber treu zu erfüllen, während er versuchte, das begangene Unrecht durch lebenslange Reue wiedergutzumachen.

Auch das Amt des Pfarrers wurde von Nobbs übernommen. Zu diesem Zeitpunkt hatte John Adams die Leitung aller Dinge, die den Fortschritt und die Verbesserung des Volkes betrafen, den beiden jüngeren Männern überlassen. Am neunundzwanzigsten März 1829, dem Jahr nach der Ankunft von Nobbs, verstarb der letzte der Engländer, die mit der *Bounty kamen*, ruhig und friedlich im Alter von fünfundsechzig Jahren, tief und aufrichtig betrauert von ihm Familie, über die er so seltsam gestellt worden war. Er überlebte den letzten seiner Gefährten neunundzwanzig Jahre. Ein schlichter weißer Stein markiert seine Ruhestätte, die Inschrift „In Hope" steht unter der einfachen Aufzeichnung seines Namens, seines Alters und seines Todes. Der Grabstein wurde in Devonport, England, hergestellt.

Ein Jahr nach dem Tod von John Adams besuchte das Kriegsschiff *Seringapatam* unter Kapitän Waldegrave die Insel und brachte den Insulanern Kleidung und andere nützliche Geschenke mit. Zuvor hatten die Menschen aufgrund ihrer schnell wachsenden Zahl darüber nachgedacht, ob die Insel mit ihren beschränkten Ressourcen zu ihrer Versorgung und ihrem Unterhalt ausreichen würde, wobei der Wassermangel nicht der geringste Grund zur Sorge war. Dieser Zustand wurde den zuständigen Behörden gemeldet und nachdem zwischen der britischen Regierung und den Behörden von Tahiti eine Vereinbarung über die Überlassung von Land zur Nutzung durch die Pitcairner auf Tahiti getroffen worden war, kam die Schaluppe *Comet* unter Kapitän Sandilands am 28. Februar 1831 auf den Pitcairninseln an, als Konvoi der *Lucy Ann* , die am 7. März mit der gesamten Kolonie der Pitcairninseln und ihrem kleinen Bestand an beweglichen Gütern an Bord nach Tahiti segelte.

Nach vierzehn Tagen landeten die Auswanderer, die herzlich empfangen worden waren. Doch das Experiment war nicht erfolgreich. Sie waren noch nicht lange auf Tahiti, als ein bösartiges Fieber unter ihnen ausbrach und ihre Zahl rapide dezimierte. Vierzehn der Menschen starben in schneller Folge, und trotz der großzügigen Unterstützung, die die gutherzigen Menschen von Tahiti für sie geleistet hatten, sehnten sich die Pitcairner danach, in ihre Heimat zurückzukehren. Außerdem unterschieden sich die Sitten der Menschen, unter denen sie jetzt lebten, so sehr von dem reinen, einfachen Leben, das sie untereinander führten, und die offene und unverhohlene Unmoral einiger Menschen um sie herum machte sie sehr unglücklich. Weniger als drei Wochen nach ihrer Ankunft auf Tahiti bot sich eine Gelegenheit zur Rückkehr, und Buffett und seine Familie nutzten sie. Vier weitere der jungen Männer begleiteten sie. Das Schiff, das sie brachte, legte unterwegs in Hood's Island an, und dort starb einer der vier jungen Männer. Nachdem die anderen sicher zu Hause angekommen waren und bevor der Rest der Gemeinschaft eintraf, verstarb ein weiterer von ihnen.

Inzwischen wurden auf Tahiti Vorbereitungen für die Rückkehr der übrigen Leute getroffen. Der Schoner *Charles Doggett* wurde gechartert, um sie nach Hause zu bringen. Ein Teil des Kupfers der *Bounty* war nach Tahiti gebracht worden, und die Leute gaben dieses Geld, um den Schoner zu kaufen, da dies alles war, was sie tun konnten; aber großzügige Freunde auf Tahiti leisteten großzügige Hilfe, indem sie eine Spende sammelten, um den Mangel auszugleichen. Die Rückreise dauerte 22 Tage, der gesamte Aufenthalt auf Tahiti dauerte nicht länger als fünf Monate.

Hier wird ein erfreulicher Vorfall berichtet, der die alte Wahrheit der Bibel veranschaulicht: „Wirf dein Brot auf das Wasser, denn du wirst es nach vielen Tagen finden." Während des Aufenthalts der Pitcairner auf Tahiti, in der Zeit ihrer tiefen Trauer und ihres Kummers, als einer von ihnen erkrankte und starb, erfuhr der zweite Maat eines amerikanischen Walfangschiffs, dessen Name Coffin war, von der schrecklichen Not, in der sie sich befanden. Aus Mitleid mit ihrer trostlosen Lage als Fremde in einem fremden Land und dem Impuls eines guten Herzens folgend, gab er großzügig fünf Dollar aus, um den Kranken Nahrung zu beschaffen, die ihnen seiner Meinung nach schmecken würde. Auch die Bedürfnisse der anderen wurden nicht vergessen. Dieser Akt uneigennütziger christlicher Güte wurde von allen Menschen in guter Erinnerung behalten, und als der gutherzige Mann nach neunzehn Jahren als Kapitän eines Schiffes nach Pitcairn kam, schenkten ihm die Menschen zehn Fässer Yamswurzeln, die zwanzig Dollar kosteten. Dieser deutliche Beweis seiner Güte ihnen gegenüber rührte den Kapitän zu Tränen, und es war schwierig, ihn dazu zu bewegen, das Geschenk anzunehmen, mit der Bitte, seine frühere Güte unbelohnt zu lassen. Aber die Leute bestanden ernsthaft darauf, dass er das annahm, was sie nur als kleine Gegenleistung für die unvergessene Güte betrachteten, die sie ihnen in ihrer Not erwiesen hatten.

KAPITEL VII.

HERR JOSHUA HILL

Jetzt beginnt ein NEUES Kapitel in der Geschichte dieser Insel. Um das Jahr 1832-33 wurde sie mit einem Neuankömmling in der Person von Joshua Hill beehrt. Er war ein Mann mit hervorragender Bildung, aber strenger Natur und ein tyrannisch strenger Zuchtmeister. Er erreichte die Insel über Tahiti, wohin er aus Honolulu gekommen war. In England hatte er die merkwürdige Geschichte der kleinen Insel mitten im Ozean und ihrer Besiedlung gehört, und er verließ sein Zuhause, um als Pfarrer und Lehrer unter die Inselbewohner zu gehen, wobei er sein Alter nicht als Hindernis betrachtete, obwohl er etwa siebzig Jahre alt war. Aber Nobbs kam ihm zuvor.

Es ist nur fair, anzuerkennen, dass die Lage auf der Insel zur Zeit seiner Ankunft kein gutes Zeichen für die Führung der anerkannten Führer war. Wie die Israeliten zur Zeit der Richter „tat jeder, was in seinen Augen richtig war", denn seit der patriarchalischen Herrschaft von John Adams hatte niemand so wie er den Platz eingenommen, den er so lange im Vertrauen und in der Zuneigung des Volkes innehatte.

Es ruft ein Gefühl der Überraschung hervor, dass der alte Mann bei all seinen Reformbemühungen zugelassen hatte, dass der alte Destillierapparat, der von McCoy und Quintall genutzt wurde, seine unheilige, erniedrigende Arbeit fortsetzte. Aber so war es; und zum Zeitpunkt von Hills Ankunft war es ständig in Betrieb, da mehrere der Männer dem Laster verfallen waren; Auch Nobbs und Buffett waren nicht abgeneigt, „heimlich einen kleinen Tropfen zu nehmen". Auch haben seit der Umsiedlung nach Tahiti nicht alle Menschen die schöne, strenge Moral bewahrt, die ihre krönende Tugend gewesen war, wie in zwei Fällen bewiesen wurde; so dass die Insel insgesamt einer allgemeinen und gründlichen Reformation bedarf.

Hill übernahm sofort die Regierungsgeschäfte. Sein erster Schritt war die Ernennung von vier Hauptmännern zu seiner Unterstützung, denen er den Titel Ältester gab. Diese wurden durch drei Unterälteste und vier Kadetten ergänzt. Die Menschen unterwarfen sich zunächst bereitwillig all seinen Neuerungen, und wäre er bei der Verwaltung seiner Maßnahmen ebenso weise und umsichtig gewesen wie bei ihrer Umsetzung, so besteht kein Zweifel, dass er unter den Menschen so dauerhaftes Gutes bewirkt hätte, das so lange Bestand gehabt hätte, wie es die Geschichte gibt. Eine Tatsache wird zeigen, dass dies trotz der vielen Fehler und Irrtümer, die er während seiner kurzen Amtszeit beging, gelang. Zu seiner Ehre sei festgehalten, dass durch seine unermüdlichen und energischen Anstrengungen die Unruhe stiftende Destillerie zerstört wurde und ihr unheilvolles Werk danach nie wiederaufgenommen werden konnte.

Hill gab vor, von der englischen Regierung ausgesandt worden zu sein, was zwar nicht ganz falsch, aber zumindest zweifelhaft war. Er ignorierte die Anwesenheit der anderen Engländer völlig und konnte die Inselbewohner nur zu gut gegen sie aufbringen. Aber es gab eine Ausnahme. Charles Christian, ein Sohn von Fletcher Christian, dessen viele edle Eigenschaften ihn bei allen beliebt machten, blieb immer der treue, unerschütterliche Freund der verfolgten Nobbs, Buffett und Evans; und als Buffett auf Hills Befehl öffentlich ausgepeitscht wurde, eilte dieser wahre Freund, als er von der ungerechten und grausamen Behandlung hörte, zur Rettung und schaffte es durch seine unerschütterliche Tapferkeit und seinen männlichen Mut, den unglücklichen Mann von seinen hartherzigen und bösen Peinigern zu befreien. Aber diese extreme Maßnahme wurde erst umgesetzt, nachdem Hills Herrschaft sich fest etabliert hatte.

Unter seiner strengen Disziplin lief am Anfang alles ganz gut. Aber sein allzu großer Eifer, eine Reform durchzusetzen, veranlasste ihn dazu, das zu tun, was Klugheit und ruhiger Verstand hätten verhindern sollen. Als Beispiel mag folgender Fall dienen: Zwei Frauen hatten einen Bericht über Hill in Umlauf gebracht, der ihm, als er zu Ohren kam, heftig missfiel. Es wurden sofort Schritte zur Bestrafung der Täter eingeleitet. Es wurde ein Treffen einberufen, zu dem der wütende Anführer, seine Ältesten, Unterältesten und Kadetten gehörten, um über die Frauen zu urteilen. Im Verlauf des Treffens knieten sie einige Minuten lang nieder, während Hill betete. Unter den verschiedenen Bitten, die er äußerte, befand sich dieser Satz: „Wenn diese Frauen den gemeinsamen Tod aller Männer sterben, hat mich der Herr nicht gesandt." Das Gebet endete, aber es kam keine Antwort. Keiner der Anwesenden, mit Ausnahme von Hill selbst, würde das „Amen" aussprechen. Es war auch nicht zu erwarten, dass sie die Frauen, die mit einigen von ihnen fast verwandt waren, auf diese Weise denunzieren würden. Aber ihre Weigerung, am Gebet teilzunehmen, erzürnte ihren Anführer noch mehr, und während er vor seinen Anhängern in seinem wahren Charakter, übereifrig, rachsüchtig und tyrannisch, offenbart wurde, wurde der Bann gebrochen, mit dem sein Einfluss sie gebunden hatte, und der Der Einfluss, den er in den Köpfen einiger von ihnen erlangt hatte, war für immer verloren.

Zwischen den Parteien kam es ständig zu Streitereien und Schimpfwörtern. Hill und seine Partei, die stärker waren, machten das Leben der drei anderen Engländer täglich durch harte Behandlung bitter. Vor allem Buffett musste schwere Strafen erleiden, weil er fünf oder sechs Jahre vor Hill ein Unrecht begangen hatte. Als Hill über die Angelegenheit informiert wurde, hielt er es für seine Pflicht, eine solche Strafe zu verhängen, die Buffett in Zukunft eine heilsame Lektion erweisen würde. Nobbs wäre auch nicht entkommen, wenn er nicht zu diesem Zeitpunkt krank im Bett gelegen hätte und Hills Grausamkeit nicht ganz so weit gegangen wäre, einen kranken Mann auszupeitschen. Nobbs, der poetisch war, schrieb ein lebhaftes Epigramm über Hill, in dessen Schlusszeilen er die Errichtung des Galgens erwähnte:

„Mit einem *Hügel*, der die Szene *belebt*. "

Darauf gab es sofort einen Gegenbeweis, und so blieb der Geist der Feindseligkeit am Leben und konnte nie ausgelöscht werden.

PITCAIRN AVENUE.

Die Misshandlungen, denen die drei Engländer ständig ausgesetzt waren, erreichten schließlich ihren Höhepunkt, als sie gezwungen wurden, die Insel zu verlassen. Von ihren Familien getrennt, wurden sie auf einem Schoner verschleppt, dessen Kapitän Hills Taten schonungslos verurteilte, während er den Verbannten gegenüber äußerste Freundlichkeit zeigte. Sie wurden nach Tahiti gebracht, blieben dort aber nicht lange, da sich ihnen bald die Gelegenheit bot, in ihre Wahlheimat zurückzukehren. Als sie dort ankamen, nahmen sie ihre Familien mit und verließen die Insel. Nobbs und Evans fuhren bis zu den Gambierinseln, während Buffett nach Tahiti weiterreiste.

Als die grausame Verbannung vollzogen war, wurde den Männern, die zuvor Hills Befehlen bedingungslosen Gehorsam geleistet hatten, langsam klar, dass sie an einem umfassenden Kurs der Ungerechtigkeit und Unterdrückung teilgenommen hatten. Ihre wahren Freunde waren von ihnen schlecht behandelt worden, sogar verbannt, während sie sich der Herrschaft eines Tyrannen unterworfen hatten. Scham und Reue für die Rolle, die sie gespielt hatten, erfüllten ihre Gedanken und sie warteten nur auf die Gelegenheit, die Verbannten zurückzurufen.

Es kam bald. Dem Kapitän eines Schoners, der *Olivia* , der zu diesem Zeitpunkt die Insel anlief, wurden alle Fakten des Falles mitgeteilt, und er versprach sehr großzügig, zu den Gambier-Inseln zu fahren und die beiden Familien Nobbs und Evans zu sich zu bringen heim. Dies geschah entsprechend, und wieder befanden sich alle wieder auf der Pitcairn-Insel, da Buffett und seine Familie kurz zuvor aus Tahiti auf dem *Olivenzweig angekommen waren* . Während letztere während ihres Aufenthalts auf Tahiti offenbar an Gesundheit gewonnen hatten, waren die beiden Familien, die auf den Gambier-Inseln blieben, aufgrund der schlechten Ernährung, von der sie leben mussten, äußerst abgemagert. Ihre Verwandten und Freunde begrüßten sie bei ihrer Ankunft mit offenen Armen, während Ausdruck ihrer Zuneigung und Freudentränen, die mehr als Worte sagten, zeigten, wie froh sie waren, dass sie sich alle wiedersehen durften.

Als die Verbannten zurückkehrten, fanden sie die Insel in einem unruhigen Zustand vor. Es herrschten große Uneinigkeiten unter den Menschen. Hill übte keinen unumstrittenen Einfluss mehr auf ihre Gedanken und Handlungen aus. Seine einst so große Macht war nun völlig gebrochen. Zu dieser Zeit kam es zu einem Streit zwischen Hill und einem seiner ehemaligen Ältesten, der nur knapp einer sehr ernsten Angelegenheit entging. Der Ärger entstand folgendermaßen: Ein junges Mädchen, die Tochter des ehemaligen Ältesten, war des Diebstahls einiger Yamswurzeln angeklagt und für schuldig befunden worden. Der Vater wurde vor Hill zitiert, um zu erfahren, wie das Urteil über seine Tochter ausfallen würde. Hill erklärte, dass die Täterin hingerichtet werden oder zumindest sehr schwer für ihre Schuld leiden sollte. Der Vater widersetzte sich entschieden solchen harten Maßnahmen und behauptete ausdrücklich, dass seine Tochter nicht dem Willen des gnadenlosen Mannes unterworfen werden sollte. Durch diesen Widerstand gegen seinen Willen, den der Vater beharrlich aufrechterhielt, zur Raserei gebracht, stürzte Hill in sein Schlafzimmer, ergriff sein Schwert, kehrte zurück, schwenkte es drohend vor seinem Gegner und rief: „Bekenne deine Sünden, denn du bist ein toter Mann." Dies wiederholte er mit, wenn möglich, gesteigerter Raserei, während sein bedrohtes Opfer, wie er später erklärte, fühlte, dass seine letzte Stunde tatsächlich gekommen war. Ein Tisch stand zwischen ihnen, und der junge Quintall, obwohl eingeschüchtert durch das mörderische Feuer, das in Hills Augen blitzte, sowie durch das Schwert, das er schwang, sprang schnell mit einem Satz vom Tisch, packte, bevor Hill seine Absicht erraten konnte, die Schultern seines Feindes fest und warf ihn mit aller Kraft auf den Boden. Unfähig, etwas anderes zu tun, als seinen gefallenen Feind festzuhalten, war er machtlos, den Stichen von Hills Schwert abzuwehren. Glücklicherweise hinterließen sie nur ein paar leichte

Kratzer, die jedoch tief genug waren, um lebenslange Narben auf der Brust des beabsichtigten Opfers zu hinterlassen. Wie lange der Kampf gedauert hätte, wenn man die Kämpfer in Ruhe gelassen hätte, lässt sich nicht sagen. Ein junger Mann kam zufällig am Haus vorbei, erhaschte einen Blick auf das, was drinnen vor sich ging, und erfasste die ganze Situation auf einen Blick. Er rannte so schnell er konnte zu seinem Haus, kam bald mit einer Muskete bewaffnet zurück und rief, er werde Hill erschießen. Andere, die den Schrei hörten, kamen angerannt, um herauszufinden, was der Grund für die Störung war. Als sie am Ort des Streits ankamen, bestand ihre erste Tat darin, Hill sein Schwert abzunehmen. Dann durfte er aufstehen und sich friedlich in sein Zimmer zurückziehen. Es wurde ihm nichts weiter angetan, aber er erhielt sein Schwert erst an dem Tag zurück, an dem er, ohne Freunde und ungeliebt, die Insel für immer verließ.

In der Zwischenzeit waren Beschwerdebriefe der verfolgten Buffett, Evans und Nobbs nach Valparaiso geschickt worden, in denen sie diejenigen um Wiedergutmachung baten, die Hilfe und Befreiung von Hills Macht leisten könnten und könnten. Als Antwort auf ihren ernsthaften Appell wurde die *Actæon* 1836 auf die Insel geschickt. Sie wurde von Lord Edward Russell kommandiert. Seine Lordschaft berief kurz nach seiner Ankunft eine Versammlung ein, der er selbst vorstand. Allen Beteiligten wurde die Erlaubnis gegeben, ihre Meinung frei zu äußern, ein Privileg, von dem jeder bereitwillig Gebrauch machte. Es folgte eine herzliche und lebhafte Debatte, und während Hill zu seiner eigenen Verteidigung sprach, unterbrach ihn ein widerspenstiges Mitglied der Versammlung hin und wieder mit den Worten: „Das ist eine Lüge, Mylord", an Lord Russell gerichtet.

Die Gerichtsverhandlungen lösten viel Gelächter aus und Seine Lordschaft genoss alles sehr. Ein Umstand rief besonders lautes Gelächter hervor. Hill erzählte eine Geschichte über ein Buch, das Hannah Young gehörte. Gegenüber dem Motto „ *Dieu et mon droit* " standen auf der Titelseite folgende Zeilen:

„Gott und mein Recht sehen wir oft

Im Ausland prangt;

Wer dieses Motto liest, soll

Mit Jesus, im Reinen mit Gott."

Darunter hatte Nobbs seine Unterschrift gesetzt: „GH Nobbs, PSM". Hill hatte sich die Freiheit genommen, als Nachschrift dieses Zitat aus der Heiligen Schrift hinzuzufügen: „Ach, Meister! Denn es war geliehen." Als

Lord Russell nach einer Erklärung der drei Anfangsbuchstaben fragte, die dem Namen Nobbs beigefügt waren, antwortete Hill bereitwillig, dass *Nobbs* damit „Pastor und geistlicher Meister" gemeint hatte, *seiner* Meinung nach jedoch die korrekte Übersetzung „öffentlicher Übeltäter und Schurke" sein sollte. Diese lebhaften Sticheleien wurden von jeder Partei ausgeführt, bis seine Lordschaft erklärte, dass das ganze Verfahren zu gut sei, um es in einer Sitzung zu beenden, und die Sitzung auf den nächsten Tag vertagte.

Am zweiten Tag beschloss seine Lordschaft, Hill so schnell wie möglich von der Insel zu entfernen, und im folgenden Jahr traf die *Imogen* ein, um diese Entscheidung in die Tat umzusetzen. Die ersten Worte ihres Kapitäns, als das Boot vom Ufer zum Schiff fuhr, waren: „Ist Joshua Hill noch auf der Insel? Ich wurde mit der Absicht geschickt, ihn zu entfernen." Am nächsten Tag wurde Hill mit seinen wenigen Besitztümern frühmorgens an Bord der *Imogen gebracht* , wo ihn kalte Blicke erwarteten. Ohne Freunde und allein inmitten von Fremden stand der alte Mann auf dem Deck des Schiffes, das ihn abtransportieren sollte. Bei all seinen Fehlern, so schlimm sie auch waren, ist es unmöglich, in seiner Stunde der Not ein tiefes Mitgefühl für den armen alten Mann zu empfinden, der sich durch einen falschen, perversen Eifer denen gegenüber unausstehlich gemacht hatte, die er zweifellos und wollte bei aller Ehrlichkeit der Absicht davon profitieren. So endete die Geschichte der Pitcairn-Insel mit Joshua Hill, dessen Erinnerung bei denen, die ihn kannten, immer noch in frischer Erinnerung ist, und zwar eher als Symbol für Härte, Strenge und Tyrannei als als die Erinnerung an die Gerechten, deren Erinnerung „süß riecht und blüht". im Staub."

KAPITEL VIII.

DIE FLAGGE DES ALTEN ENGLANDS

NACH Mr. Hills Absetzung übernahm Mr. Nobbs mit der herzlichen Zustimmung fast aller Menschen die alleinige Verantwortung als Pfarrer und Schulmeister. Unter seiner gütigen Herrschaft herrschte wieder Frieden und die frühere Brüderlichkeit zwischen den Familien, die unter John Adams so fest etabliert worden war, wurde wieder vollständig wiederhergestellt. Während Mr. Nobbs sich den höheren Bedürfnissen der Menschen widmete und seine anderen Pflichten (nach bestem Wissen und Gewissen) mit denen eines Arztes verband, nahm Buffett sein altes Handwerk als Tischler wieder auf, das er auf Gegenstände wie Arbeitskästen, Schreibtische und Kommoden aller Größen beschränkte. Das Holz des *Mero*- Baums, das der Boden der Insel in Hülle und Fülle hervorbrachte, lieferte das gesamte Material, das in den dunkleren Farbtönen benötigt wurde. Das Holz ist äußerst feinkörnig und hart und ändert bei voller Reife seine Farbe von dunkelrot zu fast schwarz und lässt sich wunderbar polieren. Die leuchtend gelbe Farbe des Holzes des Weißblütenbaums wurde zur Verzierung verwendet, da es einen schönen Kontrast zu den anderen bildet. Buffett unterrichtete auch jene jungen Männer, die eine gewisse Lernbereitschaft zeigten, und war hocherfreut, als er sah, wie geschickt sie in der Handarbeit waren. Auch John Evans, der sich im Handwerk versuchen wollte, kam mit den anderen, um praktische Arbeitsstunden zu nehmen, und war in seinem Geschäft recht erfolgreich.

Buffett, der gerne Witze machte, erzählte, wie Evans eines Tages, als er in seinem Haus arbeitete, zu ihm kam und einen unvollendeten Arbeitskasten in der Hand brachte, den er gerade herstellte. Er stellte die Kiste ab, wandte sich an Buffett und begann ihm zu erzählen, dass seine Arbeit fast gescheitert wäre und wahrscheinlich scheitern würde, wenn er nicht die dringend benötigte Hilfe von der Meisterhand erhielte. „Tatsächlich, Buffett", sagte er, „ich bin nur hergekommen, um Sie zu bitten, es auszuschlecken." Sobald Evans zu Ende gesprochen hatte, ergriff Buffett wortlos die Arbeitskiste, ließ sie schnell mit der Zunge über die glatte Oberfläche gleiten, setzte sie wieder ab und sagte mit einem herzlichen Lachen: „Da ist Ihre Kiste; Ich habe es geleckt." Über alle Maßen erstaunt und empört darüber, dass seine Bitte so buchstäblich erfüllt wurde, schnappte sich Evans wütend die unschuldige Ursache des Witzes und eilte davon, als Buffett ihm gut gelaunt versicherte, dass keine Beleidigung beabsichtigt war, und er schließlich überzeugt wurde , wenn auch widerstrebend, um seine aufgewühlten Gefühle zu beruhigen und ein paar Minuten zu warten, bis Buffett die nötige Hilfe geleistet hatte, um die er gebeten hatte.

Während Nobbs die Kinder im Schulzimmer unterrichtete, schlug Buffett vor, eine Klasse für junge Männer einzurichten, um ihnen Unterricht in Navigation und den fortgeschritteneren Zweigen der Arithmetik zu geben und darüber hinaus Studien zu allgemeinen Informationsthemen wie Sie konnten es über Bücher erhalten, von denen sie jedoch nur einen sehr begrenzten Vorrat hatten. Die nachdenklicheren jungen Männer nutzten selbst diese Chance auf Besserung eifrig und organisierten sich mit Buffett an der Spitze zu einer Band, die ihrer Klasse den Namen „Mutual Improvement Society" gab. Solange es dauerte, war es gut besucht und die meisten, wenn nicht alle Mitglieder hatten nachhaltigen Nutzen daraus.

Während Nobbs und Buffett Beschäftigungen nachgingen, die ihnen so sympathisch waren, wurde die notwendige Bewirtschaftung ihrer Parzellen von ihren Frauen und Kindern sowie von jedem ihrer Nachbarn übernommen, der ihnen bereitwillig half. Sie selbst erledigten nur einen unbedeutenden Teil der Arbeit. Evans hingegen schien eine natürliche Vorliebe für den Boden und seine Bewirtschaftung zu haben, wobei er bei dieser Arbeit von seiner starken und gesunden Frau unterstützt wurde.

Es waren nun 47 Jahre vergangen, seit die Insel besiedelt worden war, und in dieser ganzen Zeit waren keine Regeln für die Regierung des Volkes erlassen worden. Manchmal beherrschte sie das Gewissen und häufiger die Neigung. Doch dieser Zustand stand kurz vor dem Ende.

GRUPPE EINHEIMISCHER MÄNNER.

Im Jahr 1838 kam das Schiff Ihrer Majestät, *Fly,* zu Besuch und zum ersten Mal wurde zur offensichtlichen Zufriedenheit und Freude der Inselbewohner die Flagge Altenglands auf Pitcairn Island gehisst. Kapitän Elliott bemerkte: „Sie stehen jetzt unter dem Schutz der englischen Flagge." Von diesem Zeitpunkt an bis zur Umsiedlung der gesamten Gemeinschaft nach Norfolk Island wurden sie jährlich von einem oder mehreren Kriegsschiffen Ihrer Majestät besucht.

Kapitän Elliott riet dem Volk außerdem dringend, schriftliche Gesetze zu erlassen, nach denen es regiert werden könnte, und außerdem einen Richter aus den eigenen Reihen zu ernennen, der diese Gesetze durchsetzen sollte. Auch Herr Hill hatte nachdrücklich über die Notwendigkeit und Wichtigkeit eines solchen Schrittes gesprochen, aber sein Rat wurde nicht befolgt. Der Vorschlag des Kapitäns wurde unterschiedlich aufgenommen, da jeder bereit war, alle Pläne auszuführen, die seiner Meinung nach das Beste für sie waren. Ihre einstimmige Wahl fiel auf den jüngsten Sohn von Quintall, dessen ausgeprägter gesunder Menschenverstand und wirklich hervorragende Fähigkeiten ihn als die geeignetste Person für eine Nominierung empfahlen. Als Hill zum ersten Mal unter das Volk kam, erregte Quintall seine besondere Aufmerksamkeit, und Hill ernannte ihn zu seinem obersten Ältesten. Die beiden Männer besaßen viele ähnliche Charakterzüge, und in keinem Punkt waren sie sich mehr einig als in der intensiven Abneigung gegen die drei anderen Engländer. Dass Quintall ein treuer Freund sein konnte, wurde durch die Tatsache bewiesen, dass er Hill bis zuletzt zur Seite stand, als alle anderen ihn verlassen hatten. Die späteren Ehen zwischen seinen eigenen Kindern und denen von Nobbs und Buffett waren ein klarer Beweis dafür, dass sie die Vorurteile ihres Vaters nicht teilten.

Wie Hill war auch er, wenn er von Wut erregt wurde, in der Lage, grausame Taten zu begehen, wie die folgende Geschichte zeigen wird. Als sie eines Tages mit John Evans in einen Streit verwickelt waren, verloren beide Männer die Kontrolle über sich selbst und begannen, sich gegenseitig zu misshandeln. Der Streit nahm zu, und Quintall, ein mächtiger Mann, beendete ihn, indem er Evans, der klein war, so leicht wie ein Kind hochhob und ihn heftig in einen Schweinestall warf, wodurch er ihm schwere Verletzungen zufügte. Diese böse Tat wurde im damaligen Register verzeichnet, denn es war üblich, jedes noch so unbedeutende Vorkommnis darin zu vermerken, und wenn ein Fall eintrat, der von den örtlichen Behörden nicht zufriedenstellend geklärt werden konnte, war es üblich, ihn bis zum Eintreffen aufzuschieben eines Kriegsschiffes, dessen Kapitän die Angelegenheit zur Entscheidung verwiesen wurde. In diesem Fall war es so, aber die Tatsache, dass der Täter zu diesem Zeitpunkt auf seinem Krankenbett lag, aus dem er nie wieder aufstand, verhinderte, dass er seine gerechten Verdienste erhielt, und so wartete die Verkündung des Urteils auf eine höhere Strafe Gericht als das der Erde.

Ein erfreulicheres Thema als die gerade erzählte Geschichte war die Ankunft des ersten Missionsschiffs, das jemals die Insel anlief. Dies war die *Camden* , die von der London Missionary Society ausgesandt wurde. Bei ihren Missionarsbesuchen auf den verschiedenen Inseln des Pazifiks machte sie einen kurzen Besuch auf der Pitcairninsel und hatte nur einen Missionar an Bord, einen Mr. Heath. Der Aufenthalt *des Camden* dauerte nur vier Tage. Während dieser Zeit hielt Herr Heath zwei öffentliche Ansprachen und hielt mehrere Treffen im Haus von Herrn Nobbs ab. Kapitän Morgan, der das Schiff befehligte, hielt ebenfalls eine beeindruckende Ansprache aus dem Text: „Mein Sohn, gib mir dein Herz." Auf der Insel blieb ein guter Vorrat an Bibeln zurück, genug für jede Familie, um eine zu haben. Kapitän Morgan schickte bei seiner Ankunft aus England auch eine Kiste mit Büchern, Schulbüchern und religiösen Veröffentlichungen sowie Schiefertafeln und Bleistiften zur Nutzung durch die Schule. Diese wurden alle dankbar angenommen, da sie einen sehr dringenden Bedarf deckten, insbesondere die letztgenannten Geschenke.

Im Jahr 1841 starb Christians Witwe. Ihr Name, den ihr die Engländer gaben, war Isabella, aber da Christian sie selbst „Mainmast" getauft hatte, wurde sie ausschließlich unter diesem Namen genannt, nur wurde er zu „Mai'mas'" abgekürzt. Sie war sehr alt, als sie starb, aber bis zuletzt hatte sie lebhafte Erinnerungen an die Ereignisse früherer Jahre und erzählte ihren aufmerksamen Zuhörern oft die Geschichte von Captain Cooks Besuch auf den Gesellschaftsinseln. Als er einmal auf Tahiti war, litt er an einem schweren Rheumaanfall. Einige der tahitischen Frauen nahmen sich seiner an und heilten ihn mit dem einheimischen Heilmittel. Dieses bestand aus einem Präparat aus der *A'pi-Pflanze* (*Arum gigantum*), das äußerlich auf die betroffene(n) Körperstelle(n) aufgetragen wurde. Die schmerzhaften, stechenden Eigenschaften der Pflanze (im Vergleich zu denen das Brennen der Brennnessel fast angenehm ist) würden einen dazu verleiten, sich für das Rheuma zu entscheiden, da dieses Heilmittel sicherlich schlimmer zu sein scheint als die Krankheit. Aber Mainmast erklärte, dass das schreckliche Heilmittel Captain Cook geheilt habe. Der Tod dieser alten Frau ließ nur noch einen Überlebenden der ursprünglichen Gruppe zurück, die mit der *Bounty gekommen war* , und trennte so Stück für Stück die Verbindung, die den jüngeren Teil der Gemeinschaft mit den ursprünglichen Siedlern der Kolonie verband.

Es geschah kaum etwas, das den ruhigen Lebenskreislauf der Einwohner störte, und Tag für Tag verging die ruhige Monotonie, die nur durch die Ankunft eines vorbeifahrenden Schiffes unterbrochen wurde. Das „Ereignis" jedes Jahres war der Besuch eines Kriegsschiffes.

Um das Jahr 1847 ereignete sich ein Unfall, der Herrn Nobbs ältestem Sohn beinahe zum Verhängnis wurde. Er war mit einigen anderen jungen Männern auf Ziegenjagd gegangen. Auf dem Heimweg rutschte Reuben Nobbs aus und fiel hin. Das geladene Gewehr, das er bei sich trug, entlud sich augenblicklich, wobei der größte Teil seines Inhalts in seiner rechten Hüfte stecken blieb, während die Kugel vollständig hindurchging. Er wurde nach Hause gebracht und von seinem Vater gepflegt. Monat um Monat verging, und obwohl es ihm nicht schlechter ging, war noch immer keine erkennbare Besserung eingetreten. Als das nächste Kriegsschiff, die *Spy* , kam, untersuchte ihr Chirurg die Wunde, entfernte beim Sondieren große Stücke Watte, deren Vorhandensein eine Heilung verhindert hatte. Danach verlief die Heilung rasch, und der junge Mann konnte bald mit Hilfe einer Krücke gehen. Das Ergebnis war jedoch eine Lahmheit, die ihn für die Arbeit, die das Leben auf der Insel erforderte, ungeeignet machte, und da er ein guter Geschäftsmann war, schrieb sein Vater, der Freunde in Valparaiso hatte, ihnen und fragte, ob sie freundlicherweise für seinen Sohn eine Möglichkeit finden würden, seinen Lebensunterhalt zu verdienen . Die Antwort war positiv, und zu gegebener Zeit traf Reuben Nobbs in Valparaiso ein, um seine Stelle als Angestellter in einem Handelsunternehmen anzutreten. Er wurde herzlich aufgenommen, und durch eifrigen Arbeitseifer und die Entschlossenheit, seinen Arbeitgebern zu gefallen, gelang es ihm nicht nur, das zu lernen, was von ihm verlangt wurde, sondern auch, seine Arbeitgeber während seines gesamten Aufenthalts vollkommen zufriedenzustellen.

KAPITEL IX.

DER GEBURTSTAG DER KÖNIGIN

Das Jahr 1848 ist als das erste Jahr in Erinnerung, in dem der 24. Mai, der Geburtstag der Königin, als Feiertag begangen wurde. Die jungen Männer, angeführt von Mr. Nobbs, eröffneten die Feier. Das alte Gewehr *der Bounty* wurde zu diesem Anlass eingesetzt, um einen Salut zu Ehren Ihrer Majestät abzufeuern, und jede alte Muskete, die für einen solchen Zweck verwendet werden konnte, mit so schweren Ladungen wie möglich, wurde in Dienst gestellt, um das Gewehr *der Bounty* dabei zu unterstützen, so viel Lärm wie möglich zu machen. Die einzige Glocke auf der Insel läutete fröhlich weiter, während zu den anderen Geräuschen ein Jubelschrei nach dem anderen aus den Kehlen der gesamten Gemeinde erklang, die sich versammelt hatte, um ihrer Herrscherin die Treue zu zeigen.

Die Glocke war ein Geschenk der Insulaner an Bord des Kriegsschiffs *Basilisk aus dem Jahr 1844* , um die Gläubigen zur Kirche zu rufen. Jahrelang wurde zu diesem Zweck ein Signalhorn verwendet, und als dieses verschlissen war, wurde es durch eine Muskete ersetzt, die immer dann einen Schuss abfeuerte, wenn die Stunde des Gottesdienstes nahte. Die Muskete war zum Zeitpunkt des Besuchs der Basilisk in Gebrauch . Die schöne, tief klingende Glocke, die so sehr geschätzt wurde, verdrängte sofort die misstönende alte Muskete, aber nie hatte sie so fröhlich und so lange geläutet wie damals, als sie zur Feier des Geburtstags der Königin beitrug.

Aber bei all dem Lärm, den sie machen konnten, hatten sie das Gefühl, dass etwas Wichtiges fehlte. Sie hatten kein passendes Lied für den großen Anlass. Die Nationalhymne war damals unbekannt, und was sollten sie in diesem Dilemma tun? Glücklicherweise blieb die Frage nicht lange unbeantwortet. Der treuherzige und enthusiastische Herr Nobbs erwies sich als der Situation gewachsen. Schnell wurde ein Lied komponiert und herzlich, wenn auch nicht harmonisch, von den ungeübten Stimmen der Inselbewohner gesungen, nach der Melodie „The Girl I Left behind Me". Die abschließende Strophe –

„Wir werden die Waffe abfeuern, die Waffe *der Bounty* ,

Und lass die Glocke läuten,

Und drei Hochrufe für Englands Königin,

Und drei für Pitcairns Insel",

Darauf folgte eine Reihe schallender Jubelrufe, die so lange wiederholt wurden, bis die Hügel erneut von dem Klang widerhallten.

Die Erinnerung an diesen Tag mit all seinem Lärm und seiner Heiterkeit und den einfachen Freuden, die man so in vollen Zügen genossen hatte, blieb im Gedächtnis der Frauen wach, die entschlossen waren, sich von den Männern nicht übertrumpfen zu lassen. Dementsprechend trafen sie alle möglichen Vorbereitungen für ihre Feier, als der Tag wieder nahte.

Lassen Sie mich zunächst etwas über die Kleidung der Frauen dieser Zeit erzählen. Sie trugen nicht mehr ausschließlich sonntags wie an Wochentagen das heimelige Kleid, das zu einem Band um den Hals gerafft war, und unter diesem Kleid einen knappen Unterrock, wie er getragen wurde, seit sie den Gebrauch der Nadel kannten. Allmählich ersetzten Kleider mit langer Taille und Knochenrippen, nach den Mustern, die Schiffskapitänsfrauen an Land geschickt hatten und die von Zeit zu Zeit auch von Freunden in England und anderswo auf die Insel geschickt wurden, für die Sonntagskleidung den Platz des Primitiven Kleid, das so lange getragen wurde.

Der Ehrgeiz jeder Frau bestand darin, ein Kleid zu besitzen, und trotz der Schwierigkeiten beim Zuschneiden und Anprobieren wurde jede versorgt, wobei die älteren Frauen ein Muster trugen, das sich etwas von dem der jüngeren Frauen unterschied. Mr. Nobbs tat, was er konnte, um den Geschmack der Frauen in Bezug auf Kleidung zu fördern, und überließ seiner Frau die schreckliche Aufgabe des Zuschneidens und Anprobierens, die deshalb so schrecklich war, weil keine Vorkenntnisse in dieser Kunst vorhanden waren; und es vergingen mehrere Tage, bis auch nur ein Kleidungsstück für die Nadel bereit war. Glücklicherweise lernten einige der jüngeren Frauen schnell, und trotz der begrenzten Vorteile konnten sie Mrs. Nobbs bald die Last abnehmen. Gelegentlich halfen ihnen einige der Frauen der Schiffskapitäne, die die Insel besuchten. Sie brachten ihnen auch das Stricken bei, gerieten aber bald in Vergessenheit.

DAS INSEL-SÄGEWERK.

Am besagten Geburtstag der Königin beschlossen die Matronen und Jungfrauen, sich von ihrer besten Seite zu kleiden – vorzugsweise weiße Gewänder – und den Tag ganz nach Lust und Laune zu verbringen. Eine alte Großmutter schlug vor, einen Knoten aus weißem Band auf der linken Schulter zu tragen, was auch geschah, indem Stoffstreifen anstelle der Bänder eingesetzt wurden. Als der 24. Mai kam, wolkenlos und wunderschön, wurde er von allen mit lautem und loyalem Jubel begrüßt, während die Frauen und Mädchen im Morgengrauen aufstanden, um sich zu Ehren des Tages zu rühmen und ihre Ehemänner und Brüder zu überraschen. Väter und Liebhaber mit ihrer Zurschaustellung, da alle ihre Vorbereitungen geheim gehalten worden waren.

Die Männer wurden eingeladen, an der Feier teilzunehmen, und sie gehorchten bereitwillig. Die ganze Arbeit wurde beiseite gelegt und alle beteiligten sich voller Elan an den folgenden Sportarten und Spielen. Die älteren Frauen kümmerten sich um die Babys und bereiteten das frühe Abendessen vor, für das die Materialien zuvor bereitgestellt worden waren. Nach dem ausgiebigen Mahl durften sich alle nach Lust und Laune vergnügen. Die Töchter der Meuterer, die nun selbst Großmütter waren, stürzten sich mit Begeisterung in den Sport und trugen nicht wenig zur allgemeinen Unterhaltung bei, indem sie viele der Spiele, die sie von ihren tahitianischen Müttern gelernt hatten, wieder aufleben ließen.

Sie führten in ihre Spiele und Sportarten das Schlagen von Kalebassen mit Stöcken ein, das mit äußerster Präzision ausgeführt wurde und bei dem die Spieler den Takt hielten und sich mit geräuschlosen Schritten und einer leichten Anmut bewegten, die angenehm anzusehen war. Diese Vorführung wurde Ihara genannt . Ein anderer einheimischer Tanz, der *Uri* , *wurde von Susannah aufgeführt, dem fünfzehnjährigen Mädchen, das mit der Bounty* gekommen war und heute eine alte Frau von 74 Jahren ist und auf einem Auge blind ist. Sie legte zu Ehren des Geburtstags der Königin eine bemerkenswerte Lebhaftigkeit an den Tag, und ihre Vorführung löste bei den jüngeren Leuten, die den Tanz nie zuvor gesehen hatten, Heiterkeit aus. Diese alte Frau starb im darauffolgenden September 1850 im Alter von 75 Jahren und war die letzte Überlebende derjenigen, die sechzig Jahre zuvor aus Tahiti auf die Insel gekommen waren.

Die fröhlichen Spieler tanzten bis in die späte Stunde. Was zählte schon, wenn die meisten von ihnen barfuß tanzten; Das tat ihrer Unbeschwertheit und ihrem Glück keinen Abbruch. Eine Trommel und ein Tamburin sorgten für die gewünschte Musik. Auf der Insel gab es eine Geige, aber niemand hielt sich für ausreichend erfahren im Umgang mit dem Bogen, um seine Dienste anzubieten. Endlich endeten die einfachen Freuden des Tages, nur um als helle und angenehme Erinnerung im Gedächtnis zu verweilen.

Der Gesang der Inselbewohner hatte sich im Laufe der Jahre verbessert. Als John Adams die alleinige Sorge für die junge Gemeinde übernahm, vernachlässigte er die Ausbildung ihrer Stimmen nicht völlig, obwohl das Ergebnis nicht so erwünscht war. Es gelang ihm, ihnen eine einfache und klagende Melodie einzuprägen, die leicht abgewandelt entweder an den üblichen, kurzen oder langen Takt angepasst wurde. Dies war der einzige Gesangsversuch der Inselbewohner, bis Buffett zu ihnen kam. Der 95. Psalm aus Watts' Version war bei den Leuten sehr beliebt und die Melodie, zu der John Adams' Melodie am häufigsten gesungen wurde. [4] Buffett versuchte bald, zumindest eine Abwechslung in die Gottesdienste einzuführen, und da er mit einer guten Stimme begabt war, gelang es ihm mit Hilfe eines Akkordeons, die Leute ein paar Schritte weiter zu führen. Ein Buch mit Kirchenmusik, das man ihm in Tahiti gegeben hatte, enthielt eine Vielzahl von Melodien, aber es wurde nichts weiter versucht als die einfache Melodie. Auch wurden die Melodien nicht unisono gesungen, wie der folgende Vorfall zeigen wird.

[4] Es war bei den drei Töchtern von John Adams Brauch, sich bis ins hohe Alter zu treffen und einen Teil des Wortes Gottes zu lesen. Sie beendeten ihre Andacht stets mit dem Singen der Melodie, die ihnen ihr Vater beigebracht hatte. Eine Strophe aus dem zweiten Psalm, den sie immer sangen und der in den schottischen Bibeln zu finden ist, scheint besonders mit der klagenden Atmosphäre verbunden zu sein. Es lautet wie folgt: –

Anfang 1850 berührte ein Schiff auf dem Weg nach Kalifornien die Insel. Fünf Herren, davon vier Passagiere, kamen an Land. Der fünfte war der Supercargo des Schiffes. Der darauffolgende Tag war Sonntag, und die Besucher besuchten gemeinsam mit den Inselbewohnern den Gottesdienst in der kleinen Kirche. Herr Nobbs fungierte als Pfarrer, während John Buffett den Gesang leitete. Wenn die Besucher von diesem schönsten Teil des öffentlichen Gottesdienstes Freude erwarteten, wurden sie enttäuscht. Die Wirkung, die das Singen der Gemeinde ohne Rücksicht auf Zeit und Melodie hervorrief, war so unharmonisch und erschütternd, dass Mr. Carleton, der Supercargo, erklärte, dass die Geräusche, die in seinen Ohren klangen, ihn fast dazu zwangen, seinen Hut zu nehmen und das Haus zu verlassen.

Am nächsten Tag, Montag, wurde das Schiff in großer Entfernung von der Insel gesehen, aber da man davon ausging, dass der Kapitän mit Sicherheit für seine Passagiere zurückkehren würde, hegte er keine Befürchtungen, dass sie zurückbleiben würden. Aber so kam es, und die einzige Erklärung für das Verhalten des Kapitäns war, dass der Wind, der günstig war, immer stärker wurde und er ihn nicht verlieren wollte. Er überließ seine Passagiere der Gastfreundschaft der Inselbewohner und der freundlichen Gunst des ersten Kapitäns, der denselben Weg einschlagen sollte, und nahm einen der Inselbewohner mit, der an Bord war, als das Schiff abfuhr. Dieser Mann ging nach Kalifornien und kehrte über Sydney zurück.

Als die überraschten und verlassenen Passagiere feststellten, dass sie zurückgelassen worden waren, beschlossen sie klugerweise, das Beste aus den Umständen zu machen. Mr. Carleton, der über ein großes musikalisches Talent verfügte, erwähnte gegenüber John Buffett, dass man versuchen könne, den Gesang der Menschen zu verbessern. Als Antwort darauf bat man ihn, diese Aufgabe zu übernehmen. Dies lehnte er zunächst ab, da er nicht die Zeit hätte, die er bräuchte, um ein einigermaßen zufriedenstellendes

Ergebnis zu erzielen, und es deshalb lieber nicht versuchen würde. Da er jedoch innerhalb der nächsten Woche keine Gelegenheit hatte, die Insel zu verlassen, gab er schließlich Buffetts ernsthaften und oft wiederholten Bitten nach und willigte ein, einen Anfang zu machen.

Er lud alle, die bereit waren zu kommen, dazu ein, sich jeden Abend in einem der Häuser zu treffen, und wählte unter ihnen diejenigen aus, die über gewisse musikalische Fähigkeiten zu verfügen schienen. Diese unterrichtete er besonders, damit sie die Arbeit weiterführen könnten. Die erfreulichen Ergebnisse, die durch die Harmonie der Klänge erzielt wurden, weckten in den Herzen der Lernenden einen solchen Eifer und eine solche Besorgnis, ihr Bestes zu geben, was ihren Lehrer in seinen Bemühungen sehr ermutigte. Angesichts der Entschlossenheit, erfolgreich zu sein, war es nicht sehr überraschend, dass sie innerhalb einer Woche ein Ergebnis erzielten, das ihre größten Hoffnungen übertraf, und als Mr. Carleton in der zweiten Woche danach abreiste, war er voller Zuversicht, dass die wichtige Arbeit erledigt war die so gut begonnen hatte, sollte nicht stagnieren. Er täuschte sich auch nicht. Ein alter Mann erzählte, wie ihn die ersten Harmonien, die er hörte, berührten. Er sagte: „Das erste Lied, das ich hörte, war Devizes. Buffett sang die Melodie und Mr. Carleton den Bass. Ich stand mit offenem Mund da, saugte die süßen Klänge auf und dachte, es müsse wie im Himmel sein.“

Als Mr. Carleton die Insel verließ, wurde er von Mr. Brodie begleitet, einem der vier Passagiere, der darum bat, dass der Kapitän ihn und nicht einen der anderen mitnehmen sollte, da es auf dem Schiff nur Platz für zwei Personen gab. Dieser Herr schrieb später einen interessanten Bericht über die Insel, den er veröffentlichte. Baron de Thierry, einer der drei Verbliebenen, setzte die von Mr. Carleton begonnene Arbeit fort. Er versuchte auch, Zeichnen zu lehren, aber ohne Erfolg, möglicherweise weil die Finger seiner Schüler, die von frühester Kindheit an daran gewöhnt worden waren, die Hacke zu benutzen und die Schubkarre zu handhaben, nicht dazu gebracht werden konnten, den Bleistift zu halten und zu tragen. Eines Abends, als Mr. Carleton gerade seine Gesangsklasse unterrichtete, ließ der Baron den Gesang einem herzhaften Ausbruch von Fröhlichkeit weichen. Eine der Schülerinnen stieg mit ihrer starken, klaren Stimme die Tonleiter hinauf, und als sie ohne sichtbare Anstrengung zu den höchsten Tönen aufstieg und jede Silbe klar und deutlich aussprach, rief der Baron: „Halt, halt. Außer meiner Tochter schafft das niemand so.“

Der erzwungene Aufenthalt der fünf Herren auf der Pitcairn-Insel brachte eines der besten und zufriedenstellendsten Ergebnisse hervor, trotz all der anschließenden Freude und Freude, die die Menschen sowohl auf der Pitcairn-Insel als auch auf der Norfolk-Insel an der Musik, sowohl der Instrumental- als auch der Gesangsmusik, empfinden , hatten ihren Ursprung in den frühen Lektionen von Herrn Carleton. Die Erinnerung an

diesen Mann wird von den Menschen verehrt und geliebt, die ihm so viel
Freude an dieser hohen und veredelnden Kunst verdanken.

KAPITEL X.

Besuch der HMS Portland

Nun nahte die Zeit, in der in der Geschichte der Pitcairn-Inselbewohner eine wichtige Veränderung stattfinden sollte. Seitdem vereinbart worden war, dass die Insel jedes Jahr von einem britischen Kriegsschiff angefahren werden sollte, war ihre Ankunft das erwartete Ereignis eines jeden Jahres. Als Admiral Sir Fairfax Moresby Oberbefehlshaber auf der Pazifikstation war, schlug ein Offizier an Bord eines Schiffes Ihrer Majestät während eines Besuchs auf der Insel vor, dass die Frauen eine Bitte an den Admiral richten sollten, ihnen einen Besuch abzustatten. Sofort wurde ein Brief geschrieben und von mehreren Matronen und Mädchen der Insel unterzeichnet. Der Admiral antwortete gerne persönlich auf den Brief und kam im August 1852 mit seinem Flaggschiff, der *Portland , auf der Insel an* . Sein Kommen wurde von den Menschen mit aller Freude begrüßt, die ihren Höhepunkt erreichte, als sie, versammelt unter einem Orangenhain, der Musikkapelle lauschten, die der Admiral freundlicherweise an Land bestellt hatte, und so köstliche Musikklänge genossen wie nie zuvor davon geträumt hatte. Vom Admiral bis zum einfachsten Seemann zeigte jeder an Bord der *Portland* den Inselbewohnern so viel Freundlichkeit, dass die Besuche der *Portland* von den Menschen als Höhepunkt der goldenen Periode in der Geschichte ihrer Insel angesehen wurden. Der Admiral wurde von zwei seiner Söhne begleitet, von denen der jüngere, Mr. Fortescue Moresby, sich durch seine angenehme, fröhliche Art und sein gewinnendes Benehmen den Herzen der Inselbewohner sehr beliebt machte.

Zu den ersten Themen, die Admiral Moresbys Aufmerksamkeit erregten, gehörte die Position von Mr. Nobbs als nicht ordinierter Pfarrer der Menschen, und er übernahm die Verantwortung, diesen Herrn mit einem Empfehlungsschreiben an den Bischof von London nach England zu schicken. Er bat ihn, Mr. Nobbs als Kandidaten für die Ordination aufzunehmen und fügte hinzu, dass seine treuen Dienste für die Menschen seiner Wahlheimat und das Gute, das er bewirkt hatte, anstelle etwaiger Mängel in seiner theologischen Ausbildung berücksichtigt werden könnten.

PARLAMENT DER PITCAIRNINSEL.

Als die *Portland* die Pitcairninsel verließ, verließ auch Mr. Nobbs die Insel, begleitet von einer seiner Töchter, Miss Jane Nobbs, die bis nach Valparaiso reiste, wo ihr Bruder Reuben war. Hier wurde sie von einer sehr ehrenwerten Familie empfangen, die ihr jede Rücksicht und Freundlichkeit entgegenbrachte. Bevor Mr. Nobbs einwilligen konnte, seine Herde zu verlassen, wurde vereinbart, dass die *Portlands* Der Kaplan, Herr Holman, sollte zurückbleiben und den Platz des abwesenden Pfarrers einnehmen. Ein Junge aus *Portland* blieb ebenfalls bei Herrn Holman. Die Leute betrachteten dies im Großen und Ganzen als eine sehr zufriedenstellende Vereinbarung, obwohl niemand den Platz einnehmen konnte, den Herr Nobbs so lange und so fähig ausgefüllt hatte.

In Valparaiso angekommen, begab sich Herr Nobbs auf dem Dampfer *Orinoco* nach England, wo er sicher ankam und ordnungsgemäß zum Priester geweiht wurde. Der verstorbene Prinzgemahl ehrte ihn mit einem Interview und er bekam auch einen kurzen Blick auf die Königin. Tatsächlich streckte Ihre Majestät ihm im Vorbeigehen ihre königliche Hand entgegen, die er herzlich ergriff und herzlich schüttelte, woraufhin sie ruhig und wortlos weiterging. An diesen kleinen Vorfall erinnerte sich der würdige Mann oft und immer mit einer gewissen Belustigung über den möglichen Fehler, den er damals begangen hatte. Im Interview von Herrn Nobbs mit Seiner Königlichen Hoheit zeigte der Prinz großes freundliches Interesse an seinem weit entfernten Zuhause und erkundigte sich mehrfach nach seinen dortigen Arbeiten. Ihm wurde ein Gehalt von 50 Pfund pro Jahr gewährt, und wenn es Beweise gegeben hätte, dass Herr Nobbs tatsächlich zum Leutnant im Marinedienst befördert worden wäre, wären weitere fünfzig Pfund hinzugekommen. Sein Aufenthalt in England war zu kurz, als dass er viele der zahlreichen Einladungen von angesehenen und wohlhabenden Persönlichkeiten angenommen hätte, aber in einem besonderen Fall bedauerte er immer wieder, dass die Umstände es ihm unmöglich machten, teilzunehmen. Dies war eine Einladung, die Herren Wilson und Cook aufzusuchen , Herren, die kurz zuvor große Geschenke mit nützlichen Haushaltsgegenständen nach Pitcairn Island geschickt hatten. Im Mai 1853 kam Herr Nobbs wieder nach Hause, wobei die gesamte Zeit seiner Abwesenheit nicht länger als neun Monate dauerte.

Während seiner Abwesenheit ereignete sich ein sehr trauriger und tödlicher Unfall. Als die *Portland* Valparaiso erreichte, schickte Admiral Moresby die *Virago* weiter zur Pitcairninsel, damit die Menschen dort zum ersten Mal ein Dampfschiff sehen konnten. Sie kam im Januar, kurz vor Jahresende. Am Tag ihrer Abfahrt waren fast alle an Bord und das Schiff war zur großen Verwunderung und Freude der Menschen um die kleine Insel herumgefahren. Gegen Ende des Tages, als die Menschen gerade an Land zurückkehren wollten, sollte ein Abschiedsgruß aus der Kanone *der Bounty* abgefeuert werden. Unter denen, die sich um die Kanone kümmerten, befand sich der Richter Matthew McCoy. Der bei dieser Gelegenheit verwendete Ladestock war ein alter, glatt gehobelter Sparren aus dem Holz der Kokosnuss, das sehr hart ist und im Bauwesen verwendet wurde. Die Anwesenden wussten nicht, dass sich in dem Sparren ein Nagel befand. Als dieser mit der bereits von der Sonne erhitzten Kanone in Berührung kam, entzündete sich das Pulver, bevor alles fertig war. Augenblicklich wurde der Schuss abgefeuert, und die Männer, die ihn begleiteten, wurden in alle Richtungen zerstreut, mehrere Meter von der Brandstelle entfernt.

Durch die vorzeitige Entlassung strömte bald eine kleine Gruppe der an Land zurückgebliebenen Menschen zum Unfallort, und da man das Unglück von der *Virago aus beobachten konnte* , wurden die Boote rasch klargemacht, und der Arzt und seine Assistenten waren so schnell wie möglich vor Ort. Zwei junge Männer, William Evans und Fahrer Christian, wurden schwer verwundet, aber Matthew McCoy hatte den Todesstoß abbekommen. Sein rechter Arm war furchtbar zerschmettert, und er war außerdem stark verletzt und verletzt. Der Arm wurde amputiert, in der Hoffnung, sein Leben zu retten, aber all die chirurgischen Mittel halfen nichts, denn in der Nacht des 27. Januar 1853 starb er. So endete in Trauer und Düsternis der Tag, der so hell angebrochen war und den alle so sehr genossen hatten. Der Tote wurde mit allen Ehren beerdigt, wobei alle Offiziere und Männer, die von der *Virago entbehrlich waren* , anwesend waren. Doch kein äußerer Anblick konnte den Kummer oder die Trauer der trostlosen Witwe und der vaterlosen Kinder lindern, die so tief über ihren unwiederbringlichen Verlust trauerten. Bevor die *Virago* in See stach, wurde das Geschütz *der Bounty* mit Nägeln versehen, damit es nie wieder benutzt werden konnte. Nachdem es fast vierzig Jahre lang herumgelegen und verrostet war, wurde es schließlich als Grundlage für einen Fahnenmast verwendet.

Wie oben erwähnt, kam Herr Nobbs im Mai nach Hause und nahm sofort seine Arbeit als Pastor wieder auf. Die Leute bemerkten, dass er nach seiner Priesterweihe ein etwas würdevolleres Auftreten angenommen zu haben schien, obwohl er in allem, was damit zu tun hatte, überaus freundlich war und sich für ihn interessierte Das Wohlergehen des Volkes blieb unverändert.

Die Ankunft des *Portland* kam zur rechten Zeit, da die Menschen unter den Folgen einer schweren Dürre litten und sich von allem ernähren mussten, was sie bekommen konnten; unreife Kürbisse bildeten ihre Hauptnahrung. Die großzügigen Vorräte des Schiffes versorgten sie mit ausreichend Nahrung, bis bessere Zeiten anbrachen. Dann ging der Admiral und nahm Mr. Holman und den Jungen, der bei ihm geblieben war, mit. Die *Portland* setzte ihren Weg zu den Gambier-Inseln fort, kehrte aber bald zurück und fuhr weiter nach Valparaiso. Als sie der Pitcairn-Insel so nahe kam, dass die Menschen sich über Signale verständigen konnten, wurde ein Notruf gehisst, denn die Inselbewohner litten fast ausnahmslos stark unter einem Grippeanfall. Da sie das Signal falsch interpretierte, fuhr die „*Portland*"weiter, wurde aber angehalten, als man sah, wie sie vom Land abfuhren und mit ein paar armen Kerlen bemannt waren, die ihre Ruder kaum beherrschen konnten. Als der Admiral und seine Offiziere den Grund ihres Kommens erfuhren, gingen sie sofort an Land, und der Bericht der Männer wurde durch den Anblick des erbärmlichen Zustands der Inselbewohner bestätigt.

Alles, was die Freundlichkeit zu bieten hatte, wurde für die Leidenden getan, alle Besucher taten, was sie konnten, um die Not um sie herum zu lindern; Sie verließen die Insel auch nicht endgültig, bevor es sichtbare Anzeichen einer Besserung gab. Alle Inselbewohner waren den Menschen auf dem Schiff so verbunden, dass sie beim Abschied großen Kummer verspürten. Tatsächlich war der Abschied so groß, dass sowohl Männer als auch Frauen und Kinder ausgiebig weinten, als sie ihren letzten Blick auf die Gesichter der freundlichen Freunde blickten, die so viel für sie getan hatten und sich nicht schämten, ihre Tränen mit ihnen zu vermischen die Tränen derer, die sie zurückließen. Der Segen eines dankbaren Volkes folgte seinen abreisenden Besuchern.

Reuben Nobbs, der seinen Vater und seine Schwester von Valparaiso nach Hause begleitet hatte, blieb einige Monate bei seiner Familie; Doch nach der Ankunft der HMS *Dido* im folgenden Jahr bereitete er sich darauf vor, auf diesem Schiff zu seinen Aufgaben in Valparaiso zurückzukehren. Doch sein Aufenthalt war nur kurz und er war bald wieder zu Hause, da die

Schwindsucht rasch voranschritt. Freundliche und bereitwillige Hände trugen ihn von dem Ort, an dem er gelandet war, denn er war allseits beliebt, und brachten ihn in sein Haus, wo er bis zum 2. März 1855 blieb, als er starb.

Kurz darauf ereigneten sich zwei Unfälle, die beide tödlich verliefen. Der erste war die Folge einer Wunde am Fuß eines Jungen, die durch die Spitze eines Eisenpfeils verursacht wurde. Er bekam Wundstarrkrampf und starb nach den darauf folgenden schrecklichen Qualen. Der andere Unfall geschah plötzlich und der Tod trat augenblicklich ein. Es war an einem Samstag und die meisten Männer waren mit ihren Kanus zum Fischen unterwegs. Ein junger Mann namens Daniel McCoy ging mit seiner Frau an die Nordwestseite der Insel, an einen Ort namens Lookout, um zwischen den Felsen zu fischen. Mehrere andere junge Leute gingen in die gleiche Richtung, teilten sich aber zum Fischen in verschiedene Gruppen auf.

Dan und seine Frau gingen allein zu einer Stelle, zu der sie entweder einen schmalen Wasserdurchgang durchschwimmen oder ein paar Stufen hinaufsteigen und dann einen steilen und sehr gefährlichen Pfad zwischen den Felsen hinabsteigen mussten. Sie entschieden sich für Letzteres, und beim Abstieg verlor der junge Mann den Halt, rutschte aus und stürzte. Der Sturz war nicht hoch, kaum drei Meter; aber er stürzte schwer und brach sich das Rückgrat. Mit einem schrecklichen Stöhnen und einem letzten sterbenden Blick auf seine Frau starb er sofort. Fast verrückt machte sie sich auf die Suche nach ihren Gefährten, die in einiger Entfernung von ihnen fischten. Kummer und Entsetzen schienen ihr Flügel zu verleihen, als sie über die rauen Steine und zerklüfteten Felsen lief, die größtenteils ihren Weg bildeten. Nur wenige Minuten genügten ihr, um eine Stelle zu erreichen, an der sie ihre Gefährten sehen und ihnen durch Zeichen klar machen konnte, dass ihre Hilfe erforderlich war. Die verzweifelten Schreie und wilden Gesten überzeugten sie sofort, dass etwas Schreckliches geschehen war, und sie begannen sofort zu erfahren, was geschehen war.

Es wurde bald erzählt, und während einige der Fischer mit der trauernden Frau zum Ort des schrecklichen Unfalls zurückkehrten, eilten andere nach Hause, um die traurige Nachricht zu überbringen und um Hilfe beim Heimtragen der Leiche zu bitten. Da fast alle Männer zum Fischen unterwegs waren, mussten sie durch Signale gerufen werden, und sobald wie möglich wurde ein Walfangboot zu Wasser gelassen, um die traurige Besorgung zu erledigen. In kurzer Zeit wurde die kaum kalte, leblose Last sanft hineingelegt und in das Haus zurückgebracht, von wo aus er es wenige Stunden zuvor mit der ganzen Kraft und dem Stolz eines jungen Mannes verlassen hatte. In den zwölf Monaten nach dem Tod von Daniel McCoy, der am siebten Tag des Aprils 1855 stattfand, geschah kaum etwas Bemerkenswertes. Das Leben nahm allmählich seinen gewöhnlichen, eintönigen Lauf an; aber mit jedem Tag rückte der Tag näher, an dem sich alles ändern sollte.

The linked image cannot be displayed. The file may have been moved, renamed, or deleted. Verify that the link points to the correct file and location.

- 62 -

KAPITEL XI.

Umzug nach NORFOLK ISLAND

Als Admiral Moresby im Jahr 1853 die Pitcairn-Insel besuchte, erkannte er, dass die schnell wachsende Zahl der Einwohner bald einen Umzug eines Teils oder der gesamten Gemeinde an einen größeren Ort erforderlich machen würde, obwohl er der Meinung war, dass Pitcairn Island, wenn Bei richtiger Bewirtschaftung war es möglich, tausend Einwohner zu ernähren. Der Admiral argumentierte, dass es am klügsten sei, dies so früh wie möglich zu tun, da eine Entfernung zu einem späteren Zeitpunkt erfolgen müsse. Er forderte jedoch, dass alle Menschen gemeinsam gehen sollten.

Und nun kam die Zeit schnell näher. Ein diesbezüglicher Bericht wurde an die Heimatregierung geschickt, und Anfang des Jahres 1856 wurde die HMS *Juno* aus den Kolonien geschickt, um die Inselbewohner darüber zu informieren, dass Vorkehrungen für ihren Umzug auf eine größere Insel getroffen wurden, und ihnen auch zu empfehlen, dies zu tun notwendige Vorbereitungen für ihre Abreise.

Die Nachricht wurde mit unterschiedlichen Gefühlen aufgenommen. Einige waren bereit, die Gelegenheit zur Verbesserung ihrer weltlichen Aussichten zu ergreifen, und der bloße Gedanke an eine Veränderung ihres bis dahin ruhigen Lebens wurde mit Freude begrüßt, während andere, denen die Heimat und ihre Verbindungen wichtiger waren als jede Aussicht, die man ihnen bieten konnte, lieber blieben und wahrscheinlich nur deshalb davon abgehalten wurden, weil der Rat ihres guten Freundes, des Admirals, lautete, dass alle gehen und ihr Land erhalten sollten.

Als zukünftige Heimat der Pitcairn-Insulaner wurde die Norfolkinsel gewählt, einst eine Strafkolonie. Der Umfang der Insel beträgt etwa dreißig Kilometer und sie kann mehrere tausend Einwohner versorgen.

Ende April 1856 traf die *Morayshire* unter dem Kommando von Kapitän Joseph Mathers aus Sydney ein, um die Auswanderer in ihre neue Heimat zu bringen. Am zweiten Mai war alles bereit und die Zeit war gekommen, dem lieben alten Ort, an dem sie ihr ganzes Leben verbracht hatten, Lebewohl zu sagen. Einige betraten voller Hoffnung und strahlender Erwartungen das Schiff, das sie fortbringen sollte, während andere – und diese waren in der weitaus größeren Zahl – traurigen Herzens und mit tränenerfüllten Augen ihre Inselheimat verließen. Völlig einsam und verlassen stand der kleine Felsen im weiten Ozean und verschwand langsam aus dem Blickfeld. Viele stille Tränen wurden vergossen und ein letztes Lebewohl geflüstert für die liebe alte Heimat, die die meisten von ihnen nie mehr sehen würden und die vielen wegen der dort ruhenden Lieben heilig war.

Die Überfahrt zur Norfolkinsel dauerte 36 Tage und war für die Auswanderer im Großen und Ganzen eher angenehm. Aber nur wenige von ihnen litten während der gesamten Reise an Seekrankheit. Am 8. Juni 1856 erreichte die *Morayshire* die Norfolkinsel, und der ehrenwerte Kapitän war hoch erfreut, die lärmende Menge loszuwerden, insbesondere die Kinder, die seine Geduld auf eine harte Probe stellten und das Schiff oft mit ihrem Geschrei und Gebrüll belebten. Auf der Überfahrt gab es keinen Todesfall, aber ein armes kleines Baby, das die ganze Reise über krank war, litt nur wenige Tage nach der Landung und starb dann.

Als die *Morayshire* auf der Norfolkinsel ankam, war die HMS *Herald* dort bereits mit Vermessungen beschäftigt. Boote dieses letzteren Schiffs gingen an Bord des Neuankömmlings und brachten akzeptable Mengen an frischem Proviant mit. Die Leute auf dem Schiff halfen außerdem freundlicherweise dabei, die Auswanderer und ihre Waren an Land zu bringen. Auch die Besatzung eines Walfangschiffs half mit. Als die *Morayshire* nach einem Aufenthalt von etwas mehr als zwei Wochen ablegte, nahm der Kapitän die wenigen Personen mit, die auf der Insel gewesen waren, um sich um das Eigentum zu kümmern, bevor es in andere Hände überging. Die Passagiere, die die Norfolkinsel auf der *Morayshire verließen* , waren ein Mr. Stuart, der als Gouverneur fungierte, und seine Frau, ein Mann namens Rogers, seine Frau und seine kleine Tochter und ein älteres Ehepaar namens Waterson. Außerdem waren acht reformierte Sträflinge da, deren Aufgabe es war, sich um die Angelegenheiten des Ortes zu kümmern.

Die alte Frau Waterson erzählte einen Traum, der sie beeindruckte. Einige Nächte vor der Landung der Auswanderer schien es ihr, als sähe sie eine große, kräftige Frau mit dunkler Hautfarbe an ihrer Seite stehen. Alles, was mit dem Traum zu tun hatte, war so lebendig, sogar der Name der Frau, Rachel, dass sie überzeugt war, dass sich die Person auf dem kommenden Schiff befand. Als die Leute landeten, machte sie sich daher auf die Suche nach der Realität und musterte mit neugierigem Eifer jedes Gesicht, das sie sah. Als sie auf der Straße niemanden traf, der der Beschreibung entsprach, ging sie weiter zum Pier und entdeckte nur wenige Gehminuten von dem Ort entfernt das Objekt ihrer Suche auf den Stufen des Sträflingskrankenhauses. Es folgte eine herzliche Begrüßung und Begrüßung mit der Erklärung, dass die Bekanntschaft bereits in einem Traum gemacht worden sei, und Mrs. Waterson war besonders erfreut, als sie erfuhr, dass der Traum dem Namen entsprach, nämlich dass es sich bei der Person um Rachel Evans, die Tochter von John, handelte Adams. Noch bevor die alte Dame die Insel verließ, war aus der erfreulichen Bekanntschaft eine herzliche Freundschaft geworden.

Rogers war auf der Insel als Viehhalter und Aufseher tätig. Als er eines Tages in Begleitung einiger neuer Siedler eine bestimmte Straße entlangging, bemerkte er scherzhaft, dass er zu der Gruppe von Sträflingen gehörte, die auf die Norfolkinsel geschickt worden waren, als diese bestimmte Straße gebaut wurde unter dem Vorwurf, seinen Vorgesetzten niedergeschlagen zu haben. „Aber", bemerkte er freundlich, „meine Strafe ist schon vor einiger Zeit abgelaufen." Sieben weitere Männer, fast ausschließlich ehemalige Sträflinge, bildeten die Gesamtzahl derjenigen, die noch übrig waren, um sich um das Haus zu kümmern. Diese Männer kümmerten sich um das Vieh, melkten die Kühe, führten die Molkerei und erledigten solche Arbeiten. Die Freundlichkeit und Aufmerksamkeit, die jeder von ihnen den Neuankömmlingen entgegenbrachte, war nicht zu übertreffen.

Jeder bemühte sich, den Neuankömmlingen die verschiedenen Gebäude und ihre unterschiedlichen Verwendungszwecke zu zeigen, darunter die alten und neuen Kasernen, das Regierungsgebäude, das Gefängnis und das Gefängnis, alle solide aus Stein gebaut, von denen einige ebenso schön waren stark. Es wurden auch viele schreckliche Geschichten über die Insel und diejenigen erzählt, die zur Bestrafung dorthin geschickt wurden, aber es blieb kaum eine Spur übrig, die die Wahrheit der dunklen Geschichten über Blut und Verbrechen bezeugte. An einer Stelle, außerhalb der Grabstätte, wurde ein mehrere Fuß langer Hügel gezeigt, auf dem der Staub von dreizehn Männern lag, die wegen eines schrecklichen Verbrechens an den Bäumen darüber gehängt wurden, während ihr offenes Grab unter ihnen gähnte.

GRUPPE EINHEIMISCHER KINDER.

Ein Augenzeuge berichtete, wie eines Tages, als eine Bande von Sträflingen eine Brücke über einen Fluss baute, einer von ihnen einen Polizisten ermordete, der die Bande befehligte. Dieser grauenvollen Tat verdankt der Tatort seinen Namen, und die „Bloody Bridge" steht als bleibendes Denkmal des dort begangenen schrecklichen Verbrechens. Es wurde eine tragische Geschichte über einen Sträfling erzählt, dem es gelang, von Norfolk Island auf eine andere kleine Insel, etwa drei Meilen entfernt, namens Philip Island, zu fliehen. Auf irgendeine Weise wurde dieser Mann, bekannt als Jacky-Jacky, entdeckt, und sofort wurde ein Boot ausgesandt, um den entflohenen Gefangenen zu retten. Als Jacky-Jacky entdeckt und verfolgt wurde und den Tod der Gefangennahme vorzog, machte er sich auf den Weg zum höchsten Punkt der Insel, mehrere hundert Fuß über dem Meeresspiegel, wo er sich abstürzte und umkam.

Dies waren nur einige der Geschichten, die von denen erzählt wurden, die selbst Zeugen der schrecklichen Szenen waren, Geschichten, die ihrer Natur nach noch düsterer und furchterregender waren als diejenigen im Zusammenhang mit der frühen Besiedlung der Insel, die kürzlich von den Auswanderern verlassen wurde. Aber die Schreckens- und Bluttaten waren mit dem Leben derer, die sie begangen hatten, vergangen, und alles verriet Ruhe und Frieden, als die kleine Kolonie ihren neu gewährten Besitz betrat.

KAPITEL XII.

EIN SCHÖNES ERBE

NORFOLK ISLAND, die Heimat der Pitcairn-Insulaner, ist von bemerkenswerter Schönheit. Da sie ihr ganzes Leben lang an schlichte Holzhäuser mit Strohdächern gewöhnt waren, die hier und da zwischen Bäumen standen, war der Anblick regelmäßig angelegter Straßen und Steinhäuser für die neuen Siedler eine völlig neue Erfahrung. Als sie ihre jetzige Heimat bezogen, waren alle Wohnhäuser sowie die Regierungsgebäude in einem guten Erhaltungszustand, und einige der letzteren waren prächtige Bauten.

Das Regierungsgebäude stand an einer auffälligen Stelle auf einer kleinen Anhöhe fast im Zentrum der Stadt, und seine geräumigen Räume sowie sein Äußeres waren gut gepflegt. Der angrenzende große Garten zeigte Anzeichen früherer Pflege, aber alles war verwildert, und die Weinreben vermischten sich in fröhlicher Verwirrung mit Geißblatt, Kapuzinerkresse und anderen blühenden Kletterpflanzen.

In hohen Steinmauern befanden sich die Gebäude der alten und neuen Kaserne, während in der Nähe der letzteren die Ruinen eines ehemaligen schönen Krankenhauses standen, das durch einen Brand zerstört worden war. Daneben, aber durch eine Mauer getrennt, befand sich der hübsche Kommissariatsladen – heute die Kirche der heutigen Bewohner.

Das große, düstere Gefängnis war die zentrale Figur in einer Gebäudegruppe am Meer, auf deren einer Seite sich die protestantische Kirche und auf der anderen die römisch-katholische Kapelle befand. Hier waren noch viele Zeichen der äußeren Gottesdienste der letzteren Kirche erhalten, insbesondere die farbenfrohen Bilder, die die Wände schmückten, darunter ein großes Bild der Jungfrau und des Kindes.

Von diesen Kirchen durch einen schmalen, sonnenlosen Gang getrennt, der von den umgebenden Mauern gebildet wurde, befanden sich die Gefängnisgebäude, die aus massivem Stein gebaut waren. Von besonderem Interesse war der Ort, an dem früher der Galgen errichtet wurde, als die Todesstrafe für ein Verbrechen galt. Obwohl die Zeit, in der man solche Szenen beobachten konnte, für immer vorbei war, ließ sich ein Gefühl des Grauens nicht unterdrücken, wenn man unter dem Ort hindurchging, an dem so viele ihren letzten Abschied vom Leben genommen hatten, und die stillen, engen Zellen ringsum schienen fast im Echo der Schritte die traurigen Seufzer und Stöhnen der Verzweiflung hervorzubringen, während der verurteilte Verbrecher auf den Moment wartete, in dem er herausgerufen werden würde, um seinem Schicksal entgegenzutreten.

Bis eine ruhigere Lage erreicht war, wurden die Familien bei ihrer unmittelbaren Ankunft in Zweier- und Dreiergruppen eingeteilt und durcheinander gebracht. Zwei Frauen, deren jeweilige Familien im selben Haus lebten, machten sich eines Tages auf die Suche nach grünen Kräutern als Nahrung. Sie gratulierten sich selbst, dass sie einen guten Vorrat an Zwiebeln gefunden hatten, und brachten ihre Schätze mit nach Hause, erfreut über den Geschmack, den sie dem Abendessen hinzufügen würden. Ein herzliches Lachen begrüßte die Entdeckung, dass ihre kostbaren Zwiebeln Narzissenknollen waren, die sie in ihrer Unwissenheit so natürlich mit Zwiebeln verwechselt hatten.

Die Wohnhäuser unterschieden sich in jeder Hinsicht von den strohgedeckten Cottages, in denen die Menschen noch vor kurzem gewohnt hatten, und waren ihnen insgesamt überlegen. Diese waren größtenteils aus Stein gebaut, die Wände innen sauber verputzt und sie waren mit Schindeln aus Norfolk-Tanne gedeckt. Die Häuser bestanden im Allgemeinen aus vier großen Räumen mit angeschlossenen Kaminen. Jede Küche, die ein separates Gebäude war, hatte einen Steinboden und einen geräumigen Kamin und einen gemauerten Ofen auf einer Seite des Kamins. Das Innere war hell und sauber, da es häufig weiß getüncht wurde. An jedes Cottage grenzte ein Garten, und schöne und duftende Blumen erfreuten sowohl die Augen als auch den Geruchssinn. Insgesamt war die Veränderung ein deutlicher Gewinn, und alles versprach nur Wohlstand und Glück für die Menschen, die so viel Glück gehabt hatten.

DIE „PITCAIRN" UND DAS KRIEGSSCHIFF VOR DER PITCAIRNINSEL

Für die Bewohner der Pitcairninseln war Norfolk Island buchstäblich ein Land, in dem „Milch und Honig fließen". Obwohl der Anblick einer Kuh für sie etwas Alltägliches war, waren sie kaum auf die große Zahl starker, gesunder Rinder vorbereitet, die sie dort sahen. Diese lieferten die Milch, während der Honig aus den hohlen Bäumen gewonnen wurde, in denen die wilden Bienen ihre Bienenstöcke bauten. Auf der Insel gab es neben Rindern und Pferden auch etwa zwei- oder dreitausend Schafe; aber die Schafe waren nicht ganz frei von Krankheiten, und viele von ihnen starben. Das Gras, das einen großen Teil der Insel bedeckte, bot reichlich Weideland für die dort grasenden Herden und Herden.

Der Boden und das Klima der Insel begünstigten den Anbau verschiedener Früchte und es wurden Zitronen, Guaven, Pfirsiche, Feigen, weiße und violette Trauben, Mispeln, Quitten, Maulbeeren, Granatäpfel, Wassermelonen usw. in großen Mengen produziert.

Die Insel war dicht bewaldet. Ausgedehnte Norfolk-Tannenwälder erfreuten das Auge, während eine Vielzahl edler Bäume das Land verschönerten und bereicherten. Ihr üppiges Laub spendete den gefiederten Sängern, die mit ihren zwitschernden Tönen das Echo so süß erweckten, angenehmen Schatten.

Wasserströme durchqueren die Insel in verschiedene Richtungen, wobei das Wasser nicht selten durch die dichte Vegetation von Fahnen und Schilf, die ihre sumpfigen Ufer bedecken, verborgen bleibt und die Bäche selbst voller Aale sind. Die reichliche Wasserversorgung war keineswegs der geringste Segen, der den Menschen zuteil wurde, denn in ihrer alten Heimat wussten sie, was es bedeutet, unter Wassermangel zu leiden. Aber nun „fielen ihnen die Linien an angenehmen Orten zu; ja, sie hatten ein schönes Erbe." Tatsächlich war dieses Erbe so schön, dass es unmöglich schien, sich vorzustellen, dass es jemals der Ort von so viel Elend und Verbrechen war; und die Worte des christlichen Dichters hätten nicht treffender angewendet werden können als auf diese schöne Insel,

„Wo es jedem Interessenten gefällt,

Und nur *der Mensch* ist gemein."

Entlang der Südküste erstreckt sich eine lange Reihe von Korallenriffen, die sich ein Stück weit ins Meer erstrecken und es für ein Schiff unsicher machen, sich dem Land zu sehr zu nähern. Etwas hinter diesem Riff steht ein Felsen, der als Nepean Island bekannt ist und nur durch ein oder zwei Kiefern von völliger Ödheit befreit wird. Auf diesem Felsen versammeln sich die

Walvögel in großer Zahl, um ihre Eier abzulegen, die von den Menschen sehnsüchtig als Nahrung gesucht werden. Während Nepean Island in der Legesaison von Seevögeln bedeckt ist, ist Philip Island, das weiter meerwärts liegt, von Wildkaninchen überschwemmt, die sich dort niederlassen und sich von dem spärlichen Gras ernähren, das der karge Boden hervorbringt. In den Gewässern rund um die Insel wimmelt es von hervorragenden Fischen verschiedenster Art. Umgeben von allem, was sie brauchten, und dennoch in einem ununterbrochenen Kreis zusammenlebend, schien alles Zufriedenheit und Glück zu versprechen. Aber wie man sehen wird, dauerte es nicht lange, bis sich die Herzen einiger nach der alten Heimat sehnten und den Wunsch hegten, zurückzukehren.

Ungefähr zwei Monate nach der Ankunft der neuen Siedler besuchte der neuseeländische Bischof die Norfolkinsel in seiner Yacht *Southern Cross* und brachte einen großen Vorrat an Mehl und anderen notwendigen Dingen für die unmittelbaren Bedürfnisse der Menschen mit. Er war kurz zuvor auf die Insel gekommen, aber da die *Morayshire* noch nicht angekommen war, war er nach Neuseeland zurückgekehrt. Auf dieser zweiten Reise hatte er nun seine Frau und auch seinen Kaplan, Rev. JC Patteson, mitgebracht, der dazu bestimmt war, ein Märtyrer für die Sache zu werden, die er liebte.

Frau Selwyn blieb auf Norfolk Island, während der Bischof sich wieder seiner Arbeit widmete. Sie gewann bald die Herzen der Menschen und leistete viel Hilfe beim Unterrichten in der Tagesschule und in der Sonntagsschule. Sie versuchte den jungen Frauen und Mädchen, die sie unterrichtete, klar zu machen, wie wichtig es ist, schon in jungen Jahren Sauberkeit und Fleiß zu üben und ihnen auch das Kochen beizubringen. Diese energische Dame begnügte sich nicht damit, lediglich Unterricht zu erteilen, sondern besuchte ihre Schüler häufig zu Hause, um zu sehen, ob diese Anweisungen befolgt wurden oder nicht. Auf diese Weise wurde dauerhafteres Gutes erreicht, und ihre geduldige und gewissenhafte Arbeit brachte großen echten Nutzen.

Als die Pitcairn-Insulaner die Norfolkinsel erstmals in Besitz nahmen, verstanden sie, dass die Insel ihnen gehörte, denn so hatten sie den Brief interpretiert, den ihnen Sir William Denison, der damalige Gouverneur von New South Wales, vor ihrer Abreise geschickt hatte. Als sie in ihrer neuen Heimat ankamen, stellten sie fest, dass bereits zwei Männer dort waren, um das Land unter den Neuankömmlingen aufzuteilen. Diese teilten ihnen ruhig mit, dass ihre Dienste nicht benötigt würden, da die Inselbewohner in der Lage seien, selbst zurechtzukommen. Die beiden Männer reisten auf der *Morayshire ab*, und nachdem sie sich bei den zuständigen Behörden gemeldet hatten, wurden umgehend zwei weitere Landvermesser mit dem Auftrag nach Norfolk Island entsandt, die gesamte Insel zu vermessen und in Grundstücke von jeweils 50 Acres aufzuteilen. Jede Familie hatte 50 Acres pro Anteil, ein etwas kleinerer Anteil, als sie zunächst unter sich aufgeteilt hatten. Als der Gouverneur später die Insel persönlich besuchte, wurde ihm sein Brief als ausreichende Autorität gezeigt, um die Menschen in ihrem Vorgehen zu rechtfertigen. Er nahm dieses Dokument ruhig in Besitz und bemerkte etwas in der Art, dass sich die Dinge seit der Abfassung des Briefes etwas geändert hätten. [5]

[5] Der Besitz der Norfolkinsel war eine viel diskutierte Frage. Als Bischof Selwyn Neuseeland als seine Diözese leitete, war es sein Wunsch, das Hauptquartier der Melanesischen Mission auf die Norfolkinsel zu verlegen, aber weder das Komitee der Pitcairninseln im Inland noch der Gouverneur von New South Wales, Sir W. Denison, hielten es für das Beste, dies zu tun. Einige Jahre später, als Bischof Patteson Leiter der Mission war, wurde die Angelegenheit erneut zur Sprache gebracht. Während einige Leute für die Bewegung waren, lehnten andere sie entschieden ab, aber die Angelegenheit wurde schließlich dadurch geklärt, dass der Bischof mehrere tausend Morgen Land kaufte. Sir John Young, der Gouverneur von New South Wales, erteilte ihm die Erlaubnis dazu, da er von der Regierung des Inlandes dazu ermächtigt worden war. So wurde Bischof Selwyns Herzenswunsch erfüllt, indem die Melanesische Mission von Neuseeland auf die Norfolkinsel verlegt wurde.

Als Seine Exzellenz Lord Augustus Loftus 1884 einen offiziellen Besuch auf der Norfolkinsel abstattete, versuchte er, den von den Menschen „hartnäckig" vertretenen Eindruck zu beseitigen, dass die Insel ganz ihnen gehörte, und äußerte sich sehr deutlich zu ihnen bezüglich der Nutzung und des Missbrauchs der Insel , wobei er nachdrücklich darauf verwies, dass so viele Bäume gefällt werden sollten, ohne an ihrer Stelle andere zu pflanzen.

Bei Sir Williams nächstem Besuch auf der Norfolkinsel teilte er den Menschen mit, dass ein Schulmeister und ein Müller mit ihren Familien auf dem Weg von England seien, um sich bei ihnen niederzulassen. Außerdem gab es einen Schuhmacher und einen Steinmetz. „Aber", fügte der Gouverneur hinzu, „ich habe den Schuhmacher in Sydney angehalten, weil mir das Aussehen des Mannes nicht gefiel."

Etwa zu dieser Zeit hatte ihr alter Freund, der Baron de Thierry, der damals in Auckland lebte, einen Brief an die Bevölkerung geschrieben. Er enthielt so gute Ratschläge und Empfehlungen für die Bevölkerung hinsichtlich der richtigen Verwendung der vielen ihnen zugestandenen Privilegien, dass Sir William ihn für „einen Platz im Archiv der Insel würdig" erklärte. Der Gouverneur selbst gab der Bevölkerung viele weise Ratschläge und ermutigte sie, sich bei der Erfüllung ihrer verschiedenen Pflichten in dem unerprobten Leben, das vor ihnen lag, nach besten Kräften anzustrengen, und zeigte, wie viel von ihren eigenen Bemühungen abhing, um Erfolg bei der allgemeinen Verbesserung ihrer selbst und ihrer Umgebung sicherzustellen.

Zur rechten Zeit traf die erwartete Gruppe aus England ein. Die Schule, die damals von Simon Young geleitet wurde, wurde sofort in die Hände von Mr. Thomas Rossiter gegeben. Er war ein ausgezeichneter Zuchtmeister und erwies sich als vollkommen geeignet, die Aufgabe der Leitung und Kontrolle der Kinder zu übernehmen, die seine Geduld oft auf die Probe stellten. Einer der geräumigen Räume im zweiten Stock der neuen Kaserne war in ein Schulzimmer umgewandelt worden, und hier pflegte Mr. Nobbs mehrere Jahre lang einmal pro Woche die Kinder zu besuchen, um ihnen Religionsunterricht zu erteilen. Dies bestand hauptsächlich darin, ihnen die Lehren des Kirchenkatechismus gründlich beizubringen und die fortgeschritteneren Schüler einer Reihe von Fragen und Antworten zu unterziehen, um sie auf ihre Konfirmation vorzubereiten.

Während Mr. Rossiter seinen täglichen Pflichten als Schulmeister nachging, ermutigte er die Menschen auch, sich der Bewirtschaftung des Landes zu widmen und Feld- und Gartenprodukte für die jährliche Ausstellung anzubauen, die er einführte. Sowohl durch Rat als auch durch sein Beispiel erzielte er ermutigenden Erfolg. Unter seiner geschickten Hand wich das wilde Durcheinander des vernachlässigten Regierungsgartens Ordnung und Schönheit, und die üppigen, reifen Trauben köstlicher Weintrauben zeugten von der sorgfältigen Aufmerksamkeit, die ihnen gewidmet wurde.

Für den Müller James Dawe war sein Geschäft nicht sehr lukrativ. Fast die erste Anstrengung galt der Reparatur der Wassermühle und des angrenzenden Damms, die lange vernachlässigt worden waren. Die Mühle war bald wieder betriebsbereit, was eine Menge Arbeit sparte. Doch es kam zu Meinungsverschiedenheiten zwischen dem Müller und den Männern, die mit ihm arbeiteten, was dazu führte, dass er mit seiner Familie die Insel nach einem Aufenthalt von weniger als zwei Jahren verließ. Für den Steinmetz gab es auf der Insel keine Anstellung, und so ging er, nachdem er ein oder zwei kaputte Wände repariert hatte, wieder nach Sydney, wo er eine gute Anstellung und einen guten Lohn fand.

Die ehemaligen Pitcairner wagten ein neues Unterfangen. Als sie bemerkten, dass sich zu bestimmten Jahreszeiten eine große Zahl von Walen in den Gewässern um die Insel aufhielt, beschlossen sie, Boote und alle notwendigen Artikel zu kaufen, die zum Fang dieser Monster nötig waren. Sie zeigten bei diesem neuen Unterfangen großes Geschick und waren von Anfang an erfolgreich. Das Öl fand sowohl in Sydney als auch in Auckland einen regen Absatz.

KAPITEL XIII.

HO! FÜR PITCAIRN

In der Zwischenzeit waren zwei Familien in ihre alte Heimat zurückgekehrt. Die überlegenen Vorteile, die sie in ihrem neuen Zuhause genossen, die größeren Annehmlichkeiten im Haushalt, die größeren Bildungsprivilegien, der einfachere Zugang zur Außenwelt und die Kommunikation mit ihr – all das belastete sie nicht so sehr wie der Wunsch, den Ort, den sie liebten, noch einmal zu sehen als *Zuhause* . Die Familien bestanden aus Moses Young, seiner Frau und fünf kleinen Kindern sowie Mayhew Young, der die Witwe von Matthew McCoy, ihre kleine Tochter, und sechs weitere Kinder vom ersten Ehemann der Frau geheiratet hatte. Sie bildeten die erste Rückkehrgruppe, insgesamt sechzehn Seelen, vier Männer und zwölf Frauen. Drei Töchter der ehemaligen Frau McCoy blieben auf Norfolk Island, die beiden älteren mit ihren Ehemännern und die jüngste, die verheiratet war. Wären die Kinder in dieser Angelegenheit befragt worden, hätten alle, die alt genug waren, um zu denken, beschlossen, zu bleiben, aber die einzige Alternative bestand darin, ihren Eltern zu gehorchen und ihnen zu folgen.

Eine viel größere Gruppe hatte zunächst beschlossen, zurückzukehren, und hatte ihre Waren bereits an Bord des Schiffes gebracht, das sie abholen sollte, aber die Tränen und Überredungsversuche der Freunde, von denen sie sich verabschieden wollten, waren mehr, als sie widerstehen konnten, und so gingen sie nicht, wie sie es zunächst vorhatten. Der Abschied war traurig. Ein letztes Treffen in der Kirche, in der sie zwei Jahre lang gebetet hatten, ein letztes Zusammentreffen ihrer Stimmen im Abschiedslied, das stockend gesungen wurde, während Schluchzen den Ton erstickte und Tränen den Blick trübten, und dann sprach ihr treuer Pastor, Mr. Nobbs, mit zitternder Stimme und zärtlicher Ernsthaftigkeit das letzte Gebet, in dem er die abreisende Gesellschaft der Obhut Gottes anempfahl. So kam es zur ersten Trennung zwischen den Menschen, die sechzig Jahre lang wie eine Familie zusammengelebt und Freude und Leid miteinander geteilt hatten – die erste Trennung, die keine Hoffnung auf ein Wiedersehen bot. Der Schoner „*Mary Ann* ", der sie mitnahm, legte am zweiten Dezember 1858 ab und erreichte sein Ziel am siebzehnten Tag des folgenden Monats, Januar 1859. Die Überfahrt dauerte 46 Tage.

Die wenigen Männer, die zuerst vom Schoner gelandet waren, waren erst kurze Zeit am Ufer, als sie ein gut bemanntes Boot sahen, das sich dem Landeplatz in der Bounty Bay näherte. Die Besatzung des Bootes gehörte, wie sie bald herausfanden, einem französischen Schiff, der *Josephine* , an .

FAMILIENGRUPPE VON EINHEIMISCHEN.

Dicht hinter dem ersten Boot kam ein anderes, doch als es am Landeplatz zu einem Unfall kam, kehrten die Boote bald zu ihrem Schiff zurück, und das Boot segelte davon, sehr zur Erleichterung und Zufriedenheit der beiden Familien, die gekommen waren, um zu bleiben, und die waren nicht wenig bestürzt über den Gedanken, dass der Fremde ihnen so nahe sein könnte.

Die beiden Familien und ihr Hab und Gut wurden bald sicher gelandet. Eine Inspektion des verlassenen Dorfes ergab eindeutige Beweise dafür, dass die Insel nach der Entfernung der ehemaligen Bewohner zumindest für kurze Zeit von jemandem bewohnt worden war. Ein Fass Salz, etwas altes Geschirr aus den verlassenen Häusern und verschiedene andere Haushaltsgegenstände waren zusammengetragen worden, offensichtlich für den Gebrauch von jemandem in Not. Einige der Häuser waren durch Brände zerstört worden, andere waren dem Erdboden gleichgemacht. Dies alles waren so viele Beweise dafür, dass die Insel kürzlich besetzt worden war. Die Angelegenheit konnte jedoch bald geklärt werden. Im Schulzimmer wurde eine Schiefertafel aufgehoben, auf die mit einem Eiseninstrument die Namen einiger Männer geschrieben waren, die auf der Insel ein Asyl gefunden hatten, nachdem sie ihr Schiff auf Oeno verloren hatten, einer tief liegenden Koralleninsel, umgeben von Riffen, etwa achtzig Meilen nordwestlich der Pitcairninsel.

Weitere Einzelheiten wurden später zunächst von einem amerikanischen Matrosen erfahren, der vom Kapitän des Walfangschiffs *Hiawatha auf der Insel zurückgelassen wurde*, und später aus einer Ausgabe des „ *Friend"*, die der treue Freund des Volkes, der Reverend Samuel C. Damon aus Honolulu auf den

Hawaii-Inseln, auf die Insel gesandt hatte. Im „*Friend*" stand der Bericht über den Untergang der *Wildwave* auf der Insel Oeno. Das Schiff stand unter dem Kommando von Kapitän JN Knowles, der sich Anfang 1858 auf einer Reise von San Francisco in einen der östlichen Staaten befand und nach dem Verlust seines Schiffes mit derjenigen Mannschaft, die bereit war, nach Pitcairn Island kam, wo sie blieben, bis man aus den Materialien, die die Insel hergab, ein Boot gebaut hatte, das sie nach Tahiti bringen konnte, von wo aus sie eine Heimreise finden konnten.

Ungefähr 23 Jahre später war einer der Jungs, die mit der ersten Gruppe zurückgekehrt waren und inzwischen zu einem Mann mittleren Alters herangewachsen waren, in San Francisco. Während er dort war, besuchte er das Büro von Kapitän Knowles und hörte aus den Lippen dieses Herrn den folgenden interessanten Bericht über ihre erzwungene Inhaftierung auf Pitcairn Island:

Die *Wildwave* war auf dem Weg von San Francisco, als sie an den Riffen der Insel Oeno Schiffbruch erlitt. Außer dem Kapitän, den Offizieren und der Mannschaft befanden sich zehn Passagiere, insgesamt etwa 37 Personen, die alle sicher auf der Insel landeten. Die sterblichen Überreste eines Bruders von Kapitän Knowles, die zur Beerdigung nach Hause gebracht wurden, wurden ebenfalls an Land gebracht und beerdigt. Der Grabstein, der den Leichnam begleitete, wurde ebenfalls aufgestellt, um die letzte Ruhestätte der Toten zu markieren. Nachdem alles, was zu ihrem Trost beitragen konnte, an Land gebracht worden war, machten sich die Schiffbrüchigen sofort daran, das Beste aus den Umständen zu machen. Es waren reichliche Nahrungsmittelvorräte vom Schiff an Land gebracht worden, und falls dies nicht gelang, bevor Hilfe eintraf, reichten die großen Mengen an Vögeln und Fischen aus, um sie vor dem Verhungern zu bewahren.

Der Kapitän war jedoch der Meinung, dass sofort etwas unternommen werden musste, und so wurde so schnell wie möglich ein Boot fertig gemacht und mit Proviant beladen. Er selbst, Mr. Bartlett, der erste Maat, der Zimmermann und vier Seeleute verabschiedeten sich von den dreißig Männern, die auf Oeno zurückgeblieben waren, und kamen auf die Pitcairninsel, um, wenn möglich, Hilfe für sich und ihre Gefährten zu holen. Der Kapitän hatte in weiser Voraussicht vor der Abfahrt den zweiten Maat und andere mitgenommen, um die Stelle zu markieren, an der drei oder vier Vögel auf ihren Eiern saßen. Diese Vögel wurden dann gesichert und zusammen mit der Gruppe ins Boot genommen, um ihnen als Nachrichtenüberbringer zu dienen, falls sie ihr Ziel sicher erreichen sollten. Das taten sie. Sie landeten auf der Westseite der Insel, und das Boot wurde nur wenige Meter vom Wasserrand entfernt an Land gezogen, da der Kapitän beabsichtigte, so schnell wie möglich nach Oeno zurückzukehren. Dieser Plan wurde jedoch durch eine unerwartete Katastrophe vereitelt.

Die erste Aufgabe des Kapitäns und des Steuermanns, nachdem sie das Boot an den Ort geschleppt hatten, an dem es zurückgelassen werden sollte, bestand darin, alle ihre nautischen Instrumente herauszunehmen, und dann, die Vögel in die Hand nehmend, machten sie sich auf den Weg den hohen Hügel hinauf zum Dorf führt. Es waren Lederstreifen vorbereitet worden, auf denen sie ihren Gefährten auf Oeno die Nachricht über ihre sichere Ankunft übermitteln konnten. Nachdem diese Briefe sicher an den Vögeln befestigt worden waren, wurden sie losgelassen, und die Gruppe stand etwas besorgt da und beobachtete sie bei ihrem Flug. Zuerst schien die ungewöhnliche Belastung ihr Vorankommen zu behindern, und die Beobachter sahen, wie sie sich „immer wieder umdrehten, als wären sie ein wenig benommen", aber bald kehrten sie zu ihrem gewohnten Verhalten zurück, und die Männer hatten die Genugtuung, die Vögel ihren Weg nehmen zu sehen in der direkten Linie, von der sie gekommen waren. Mit der Zeit hatten die Männer auf Oeno das Vergnügen, von der Sicherheit der kleinen Gruppe zu erfahren, die nach Pitcairn gegangen war, aber die Hoffnung, sie bald wiederzusehen, erfüllte sich nicht, und es vergingen viele Monate ermüdender Beobachtung, bis sie eine weitere Nachricht erreichte.

Unterdessen setzten die sieben Männer, nachdem sie für den sicheren Flug der Vögel gesorgt hatten, ihren Weg fort. Als sie oben auf dem Hügel ankamen, blickten sie auf das kleine Dorf mit strohgedeckten Hütten zwischen Orangenbäumen hinunter. Selbst aus dieser Entfernung konnte man sehen, dass diese Bäume mit goldenen Früchten beladen waren. Der Anblick war für die Schiffbrüchigen sehr angenehm, aber kein aufsteigender Rauch deutete darauf hin, dass der Ort bewohnt war. Ein paar Minuten schneller Fußmarsch brachten sie hinunter zu den stillen Häusern, wo kein Mensch zu sehen war. Sie blieben ein oder zwei Tage in dem verlassenen Dorf und beabsichtigten, bald zu ihren Gefährten auf Oeno zurückzukehren; Doch als der Steuermann Gelegenheit hatte, auf die Westseite zu gehen, stellte er zu seiner Bestürzung fest, dass das Boot, das zu nahe am Wasser zurückgelassen worden war, nicht nur von der starken Brandung, die während ihrer Abwesenheit entstanden war, erreicht worden war, sondern auch zerbrochen war nicht mehr zu reparieren.

Diese unerwartete Katastrophe löste große Besorgnis aus, und alles, was man tun konnte, war, sich an die Arbeit zu machen und ein weiteres Boot zu bauen. Dies war eine sehr schwierige Angelegenheit, da Materialien und Werkzeuge knapp und dürftig waren. Um an Nägel zu kommen, wurden einige Häuser abgerissen, andere niedergebrannt. Bäume wurden gefällt, und da die Männer keine Sägen hatten, wurde die Axt als Ersatz für Säge und Axt eingesetzt, was zu großem Zeit- und Materialverlust führte. Doch trotz der vielen Nachteile ging die Arbeit stetig und beherzt weiter.

Endlich war das Boot fertig. Das Segel des kaputten Bootes und alles andere, was man in den Häusern finden konnte, bildeten die Takelage des kleinen Bootes, das den Namen „ *John Adams* " erhielt . Die Verzierungen der alten Kanzel in der Kirche lieferten das Rot, und ein Stück blauer Kattun von einem alten Bettgestell diente als Boden, auf dem die weißen Sterne der amerikanischen Flagge angeordnet waren; Und so wurde es mit dem Sternenbanner vom Mast ihres kleinen Schiffes zu Wasser gelassen, nach Monaten ermüdender, ängstlicher Arbeit und des Wartens, doppelt ängstlich gemacht durch das Wissen, dass die Lieben zu Hause in Ungewissheit schmachteten über ihr Schicksal.

Zwei der Männer wagten sich nicht in das Boot, das sie mitgebaut hatten, und blieben zurück, bis sie Hilfe aus zuverlässigerer Quelle erhielten. Wegen Gegenwindes kehrte Kapitän Knowles nicht nach Oeno zurück, wie er zunächst vorgehabt hatte, sondern steuerte stattdessen Tahiti an und machte unterwegs einen kurzen Zwischenstopp auf der Insel Nukahiva. Auf Tahiti fanden sie die amerikanische Schaluppe *Vandalia* . Die Geschichte des Schiffbruchs und die nachfolgenden Fakten waren bald erzählt, und die *Vandalia* eilte sofort zur Rettung. Mr. Bartlett, der Maat der *Wildwave* , begleitete die Rettungsmannschaft ebenfalls und erreichte zu gegebener Zeit Oeno, wo sie alle dreißig Männer gesund und munter vorfanden. Nachdem diese an Bord aufgenommen worden waren, fuhr die *Vandalia* nach Pitcairn Island, wo sich die beiden anderen Männer der Besatzung befanden. Beide erfreuten sich ausgezeichneter Gesundheit, waren aber froh, diesen so einsamen und isolierten Ort verlassen zu können.

Nachdem Kapitän Knowles Tahiti erreicht hatte, nutzte er unverzüglich die erste Gelegenheit, nach Hause zu fahren, da er sich große Sorgen um seine Frau machte. Diese Sorge war nur allzu begründet, denn die arme Dame war vor hoffnungsloser Trauer und Ungewissheit über das Schicksal ihres Mannes gestorben.

The linked image cannot be displayed. The file may have been moved, renamed, or deleted. Verify that the link points to the correct file and location.

- 79 -

KAPITEL XIV.

Eine unangenehme Überraschung

Im Laufe unserer Erzählung kehren wir nun zu den beiden Familien auf Pitcairn zurück. Ihre erste Nacht an Land verbrachten sie in einem der alten Häuser, das so dicht mit wilden Bohnen bewachsen war, dass alle überzeugt waren, es würde den besten Schutz vor Regen bieten, falls es regnen sollte. Doch sie wurden bald von ihrem Irrtum überzeugt, als sie in der Nacht ein strömender Regen durch die dünne Decke der Weinreben aus ihrem Schlaf riss. Früh am nächsten Tag zogen sie in ein anderes Haus, das ihnen bessere Unterkunft bot, und blieben dort, bis ihre eigenen Hütten repariert waren. Sie hatten gerade erst die Arbeit beendet, ihre neue Bleibe so gut wie möglich herzurichten, als einige der jungen Mädchen in Begleitung einer ihrer Mütter aufbrachen, um sich den verlassenen Ort anzusehen. Als sie nur noch ein kurzes Stück vom Haus entfernt waren, erspähten sie auf dem buschbewachsenen Pfad zwei Männer, die gerade von einem Schiff an Land gekommen waren und denen keiner der Gruppe auf der Insel etwas vorhatte. Beim Anblick der Fremden – von denen einer eine Waffe trug und der andere ein Farbiger war – schrien die Frau und die Mädchen und flohen. Eines der Mädchen stürzte in ihrer Angst mehrere Meter von den Zweigen eines Orangenbaums, auf den sie geklettert war.

Getrieben von der Angst, dass etwas Schreckliches passieren würde, rannten sie in atemloser Hast auf das Haus zu, in dem sich die andere Frau und die Kinder befanden. Ihre verängstigten Blicke verrieten deutlich, dass etwas Ungewöhnliches geschehen war, und dicht aneinander gedrängt wiederholten sie die Geschichte dessen, was sie gesehen hatten. Aber sie gratulierten sich dazu, dass ihr Rückzugsort nicht leicht entdeckt werden würde, da der Pfad durch das dichte Wachstum von Unkraut und Büschen fast unsichtbar war. Am schlimmsten war, dass ihre natürlichen Beschützer zu diesem Zeitpunkt alle nicht zu Hause waren. Ihre Angst ließ sich besser vorstellen als beschreiben, als nach ein paar Minuten das Gesicht des schwarzen Mannes durch eine Öffnung in den Bäumen erschien und direkt hinter ihm sein weißer Begleiter. Die schüchternen Frauen und Kinder konnten sich kaum zurückhalten, laut zu schreien, aber der farbige Mann versicherte ihnen mit einem freundlichen Lächeln, dass es nichts zu befürchten gäbe und dass das Gewehr für anderes Wild als sie selbst an Land gebracht worden sei. Es dauerte nicht lange, bis ihre Ängste verflogen, als sie entdeckten, dass der schwarze Mann in Wirklichkeit ein netter, freundlicher Mensch war, der andere jedoch distanziert blieb und kaum ein Wort zu sagen hatte. Sie nahmen beide gern Essen aus den Händen der Frauen an, die ihnen auch erlaubten, so viel Obst zu nehmen, wie sie wollten.

William Wirt , an Land gekommen seien und ihre Munition zum Zweck der Wildbeschaffung mitgebracht hätten . Am selben Tag kam ein anderes Walfischschiff an, und ihre jeweiligen Besatzungen brachten einen großen Vorrat an Tierfutter, das sie bei der Jagd erbeutet hatten, zu ihren Schiffen zurück, nämlich Ziegen, Geflügel und Fische, da alles so leicht zu bekommen war wegen ihrer großen Zahl.

Die Suche nach Hühnereiern war für die jungen Leute eine sehr angenehme Beschäftigung, da die Insel von der ungeheuren Vermehrung von Hühnern fast überrannt wurde; Auch gingen die älteren Leute nicht weniger aktiv auf Eiersuche als die Kinder. Für sie schien das Leben eine ununterbrochene Runde gegenwärtigen Vergnügens zu sein. Es bestand kaum Arbeitsbedarf, da die Insel reichlich tierische und pflanzliche Nahrung in reichlicher Menge produzierte, um jeden Bedarf zu decken – Ziegen, Schafe, Hühner und jede Menge Fische, die durch das Zurücklassen zahm geworden waren so lange in ihrer ungestörten Freiheit. Ein Hindernis für die Freuden der jungen Leute war die Anwesenheit der wenigen Rinder auf der Insel, deren bloßer Anblick ausreichte, um sie zum nächsten Baum zu flüchten, wenn auch nicht in unmittelbarer Nähe ihrer Häuser. Da die Insel zu klein ist, um die Vermehrung von Rindern zu ermöglichen, hielt man es für das Beste, sie auszurotten; und was äußerst unklug war, das zum Scheitern verurteilte Vieh wurde mit der Zeit vollständig vernichtet.

The linked image cannot be displayed. The file may have been moved, renamed, or deleted. Verify that the link points to the correct file and location.

BROTFRUCHT.

In diesen Jahren war die Produktivität der Insel bemerkenswert. Die Brotfrüchte, Yamswurzeln, Kartoffeln, Taro sowie die köstlichen Früchte, die auf der Insel wuchsen, schienen vom Fluch unberührt zu sein. Es schien nicht möglich, dass in ein paar Jahren eine so umfassende Veränderung stattfinden könnte, dass sie fast die gesamte Produktion der Insel beeinträchtigen würde. Aber so war es. Da die beiden Familien reichlich mit Nahrungsmitteln versorgt waren und sich kaum selbst anstrengen mussten, hatten sie nicht viel zu tun. Die Herstellung von *Tappa* hingegen gab allen drei oder vier Monate im Jahr Beschäftigung, und es war mit all den verschiedenen Prozessen, die es durchlief, auch schwere Arbeit. Eine Beschreibung der Arbeit kann hier gegeben werden.

Zunächst müssen die Pflanzen gefällt und von ihrer Rinde befreit werden. Anschließend wird jede Rinde geschält und der innere Teil herausgeschlagen, bis er weich wird und sich die Fasern trennen. Als nächstes folgt das Waschen, und dies wird wiederholt, bis jede Spur des reichlich vorhandenen Safts entfernt ist. Zu diesem Zeitpunkt hat sich die Substanz auf das Fünffache ihrer natürlichen Breite ausgeweitet und hat ein wunderschönes, spitzenartiges Aussehen. Anschließend wird es in die großen Blätter des *Appi* (*Arum gigantum*) eingewickelt , wobei so viel in die Hülle eingewickelt wird, dass ein Blatt entsteht. Nach einigen Tagen Ruhezeit wird es weich und fast breiig. Dann kann es in Streifen der erforderlichen Länge ausgelegt werden, wobei eine Rinde über die andere gelegt wird, bis die richtige Dicke erreicht ist. Das Ganze wird dann ausgeschlagen, wofür zwei Personen erforderlich sind, die auf den gegenüberliegenden Seiten eines großen, langen und glatt gehobelten Baumstamms, „Dood-a" genannt, stehen und mit ihren schweren Schlägern den Takt halten höchste Genauigkeit. Die Arbeit ist laut und ermüdend. Wenn jedes Blatt fertig ist, wird es durch tägliches Ausbreiten in der Sonne ausgehärtet. Dies wird so lange fortgesetzt, bis der papierartige Stoff das Waschen verträgt. Um es robust zu machen, wird es gefärbt. Der Farbstoff wird durch Einweichen der roten inneren Rinde des *Doodooee* (Kerzennussbaums) in Wasser gewonnen. Im trockenen Zustand hat der Farbstoff eine rotbraune Farbe, die im frischen Zustand sehr schön ist.

Der größte Teil dieser unangenehmen Arbeit wurde von den beiden Müttern der Familien verrichtet, da sie die heikle Arbeit der Handhabung der leicht zu beschädigenden Laken nicht den unerfahrenen Händen der jungen Mädchen anvertrauen konnten. Diese wuchsen im Alter von acht bis dreizehn Jahren in fast völliger Unkenntnis der Nähkunst auf, und das aus gutem Grund, weil sie nichts hatten, womit sie es lernen konnten. Der Faden war zu kostbar, um ihn beim Nähenlernen der Kinder zu verschwenden, und wenn die wenigen Nadeln kaputt gingen oder verloren gingen, gab es keine Aussicht, sie zu ersetzen; Außerdem wurde jedes Stück Kattun, das zum Erlernen des Nähens verwendet werden konnte, sorgfältig als zukünftiger Flicken für das Kleidungsstück gehortet, das nur allzu leicht abgenutzt wurde. Normalerweise wurde ein Schlitz im Ärmel oder an der Seite eines Kleides oder Unterrocks mit einer Schnur zusammengezogen, die aus der faserigen Rinde des *Boo-Ron-*Baumes bestand. Aber diese Mädchen genossen trotz allem ihr wildes, freies Leben und waren glücklich über den Besitz vollkommener Gesundheit, reichlich zu essen und zu trinken, und ihre Kleidung, wenn sie dürftig und sogar zerlumpt war, wurde so sauber gehalten, wie es die Art ihrer Pflichten erlaubte. während sie in ihrer Person besonders rein waren.

Da sie ein so freies, wildes Leben führten und so viel Freizeit hatten, ist es nicht verwunderlich, dass die jungen Leute sich ohne Hilfe Büchern zuwandten und versuchten, ihren Geist mit dem Wissen zu schulen, das sie daraus gewinnen konnten. Diese Tatsache bereitete mindestens zwei von ihnen große Sorgen: Sarah McCoy, das älteste Mädchen, und auch ihr Bruder. Diese beiden jungen Leute waren während ihres zweijährigen Aufenthalts auf Norfolk Island Mitglieder von Mrs. Selwyns Klasse gewesen, und nichts hatte sie mehr bedauert, als diesen Ort zu verlassen, als die Tatsache, dass sie durch ihren Wegzug von so vielen der dort gebotenen Bildungsvorteile abgeschnitten waren, da sie gerade genug von den Freuden des Wissens erfahren hatten, um sich nach mehr zu sehnen. Durch die Notwendigkeiten des Falles dazu angetrieben, zu tun, was sie konnten, sammelten diese beiden jungen Leute alle Bücher, von denen sie dachten, dass sie ihnen helfen könnten, die sie im alten Schulzimmer fanden, zusammen mit Schiefertafeln und Bleistiften, und eröffneten in Mr. Nobbs' ehemaligem Arbeitszimmer eine Schule für eine Klasse von sechs oder sieben Mädchen und einem Jungen, wo sie Unterricht in Lesen, Schreiben und Rechtschreibung gaben und ihnen auch Addition, Subtraktion, Multiplikation und Division beibrachten.

Aber Hühnereier suchen, sich um Hühner kümmern, mit einer Schubkarre einen steilen Hügel hinunterfahren, auf den langen, herabhängenden Wurzeln der großen Banyanbäume schaukeln und andere Beschäftigungen ähnlicher Art waren weitaus angenehmer für den Geschmack der lebhaften, gesunden und bewegungsfreudigen Kinder, als träge über ihren Büchern zu sitzen und „Abba, Vater" usw. zu murmeln. Und wenn der junge Lehrer wegen eines Fehlverhaltens Einwände erhob, wurde er mit einem spöttischen Lachen begrüßt. Oder wenn er versuchte, die Rute zu verabreichen, begegnete er ihm mit einer derart trotzigen Haltung, dass seine Strafversuche nutzlos waren. Solche Szenen endeten normalerweise damit, dass der widerspenstige Schüler mit der Behändigkeit einer Katze die Pfosten des

Hauses hinaufkletterte, wo er auf seinen Lehrer herabblicken und sich vor der wohlverdienten Strafe sicher fühlen konnte.

KINDER UND SCHUBKARRE.

Trotz dieses ungebührlichen Verhaltens der älteren Kinder gelang es den geduldigen Lehrern, ihr Ziel zu erreichen und sie hatten die Genugtuung, zu sehen, wie ihre eifrigen Schüler nicht nur lesen, sondern auch schreiben lernten. Sie lernten auch recht gut buchstabieren und konnten sich die einfacheren Rechenregeln aneignen. Im Oktober 1860 besuchte die HMS *Calypso* die Insel und blieb ein paar Stunden. Der Kaplan des Schiffes kam an Land und zeigte großes Interesse an der Religionsunterweisung der Kinder und ihrer richtigen Erziehung. Beim Abschied überreichten die freundlichen Besucher der kleinen Schule Bücher, Schiefertafeln und Bleistifte, Schreibhefte, Federn, Federhalter und Tinte, ein Geschenk, das sehr geschätzt und mit größter Dankbarkeit angenommen wurde.

Sonntags trafen sich die beiden Familien zum Gottesdienst im Haus von Moses Young, wobei jeder der beiden Männer zeitweise an der Leitung der Gottesdienste teilnahm, aber häufiger amtierte der Hausherr, und zwar in strikter Übereinstimmung mit der Liturgie der Church of England im Buch des gemeinsamen Gebets.

Moses Young besaß eine Querpfeife, auf der er oft schöne Musik vortrug, und war auch ein ausgezeichneter Fiedelspieler. Zu seiner Fähigkeit, seine Lieblingsinstrumente mit beachtlichem Geschick zu spielen, kamen noch begrenzte Kenntnisse in Notenschrift hinzu, die er sich unter der fähigen Anleitung von Mr. Hugh Carleton angeeignet hatte. Dieses Wissen versuchte er bestmöglich einzusetzen und gründete eine Klasse, die aus den vier Erwachsenen, sich selbst eingeschlossen, und so vielen jungen Leuten bestand, wie kommen wollten, denen er die Tonleiter beibrachte. Nachdem er seiner kleinen Klasse „do, re, mi, fa, sol, la, ti, do" eingeschärft und die Sprünge *bis ins Unendliche gelernt* hatte, ging er plötzlich zu einigen der alten Standardkirchenmelodien über und schaffte es, zum Nutzen seiner jugendlichen Schüler die alten Melodien von Truro und Clarendon wiederzubeleben und ihnen außerdem eine völlig neue Melodie beizubringen. Er hat sein lobenswertes Vorhaben nicht weiter ausgeführt, wahrscheinlich weil seine Schüler ihm nicht die nötige Ermutigung gaben, oder er selbst ihren Eifer bremste, wie er es im folgenden Fall tat. Eines Abends, am Ende der üblichen Übung und bevor die Klasse entlassen wurde, schlug der Lehrer vor, dass sie die Nationalhymne singen sollten. Es wurden verschiedene Versuche unternommen, bevor die richtige Tonhöhe erreicht wurde. Schließlich wurde die Melodie richtig angestimmt und die Hymne gesungen. Die Schlusszeilen:

„Lass einen Strahl über ihr Herz fallen

Vom glorreichen Tag der Weisheit;

Geliebt sei Victorias Herrschaft –

Gott schütze die Königin,"

wurden auf eine Weise gesungen, die die völlige Zufriedenheit der Sänger mit der Aufführung zum Ausdruck brachte. Ihr Leiter war jedoch anderer Meinung und wartete, bis die letzten Töne verklungen waren, dann wandte er sich seinen Schülern zu, mit einem Gesicht, das vor kaum unterdrückter Heiterkeit strahlte, und bemerkte: „Euer Gesang klingt genau wie das Geräusch eines Schwarms großer Fliegen." Dann brach er in fröhliches Gelächter aus, in das sich seine ganze Klasse einschaltete.

Im Oktober 1862 stattete die HMS *Charybdis* der Insel einen kurzen Besuch ab. Da es unmöglich war, in Bounty Bay zu landen, gingen die Besucher auf die Westseite, wo die erste Hälfte des Weges einen steilen, hohen Hügel hinaufführte. Aber die Wanderung verlief fröhlich, und als sie das kleine Dorf erreichten, wurde ihnen eine herzliche Gastfreundschaft zuteil, und es wurde für sie eine reichhaltige Mahlzeit mit dem Besten zubereitet, was die Insel zu bieten hatte. Die beiden bescheidenen Häuser wurden so gestaltet, dass sie optimal aussahen, und die sorgfältig gehorteten Leinen- und Baumwolllaken wurden hervorgeholt und zu Ehren der Besucher auf den Betten ausgelegt.

Die *Charybdis* blieb nur einen Tag und nahm einen guten Vorrat von allem mit, was die Insel hervorbrachte. Die kleine Insel war zum Zeitpunkt ihres Besuchs so fruchtbar, dass die Offiziere erklärten, sie komme ihnen „wie ein kleiner Garten Eden" vor. Ein gedruckter Bericht über den Besuch der *Charybdis* auf Pitcairn wurde nach Norfolk Island geschickt. Als die Nachricht nach dem langen Schweigen von fast fünf Jahren eintraf, löste sie bei Verwandten und Freunden eine unbeschreibliche Aufregung aus, und Lächeln und Tränen folgten in schneller Folge aufeinander, als die kurze, aber interessante Beschreibung der alten Heimat und der dortigen Lieben immer wieder vorgelesen wurde, und die Ohren und Herzen schienen nie müde zu werden, ihr zuzuhören.

Fünfzehntes Kapitel.

DIE ZWEITE PARTEI KEHRT ZURÜCK

Die Zeit verging, und in Norfolk wurden erneut Vorbereitungen für die zweite Rückkehrgruppe nach Pitcairn Island getroffen. Vier Familien entschieden sich zu gehen. Dies waren zunächst Donnerstag O. Christian, seine Frau und neun Kinder. Auch Mrs. Christians betagte Mutter begleitete sie, um ihren Sohn Mayhew Young, der zur ersten Gruppe gehörte, wiederzusehen. Die alte Dame war Elizabeth Mills, die einzige Tochter von John Mills von der *Bounty* , und der Sohn, den sie besuchen wollte, wurde in liebevoller Erinnerung an ihren hochgeschätzten und in guter Erinnerung gebliebenen Freund, Captain Mayhew Folger, benannt, der das entdeckt hatte Kolonie auf der Insel Pitcairn vor 55 Jahren. Die anderen Familien waren Robert Buffett und seine Frau, Samuel Warren und seine Frau, die Tochter von TO Christian. Diese letztgenannten Personen heirateten am Vorabend ihrer Abreise aus Norfolk Island miteinander. Zusätzlich zu den oben genannten Personen waren Simon Young, seine Mutter (Hannah Adams), seine Frau und acht Kinder. Die Zahl der Personen, aus denen sich die zweite Partei zusammensetzte, betrug siebenundzwanzig. Ihre Freunde waren entschieden gegen ihren Weggang und taten alles in ihrer Macht stehende, um sie zum Bleiben zu bewegen.

PUNKT-AUSBLICK.

Die letztgenannte Familie gehörte zu den ersten, die sich für eine Rückkehr entschieden und die ersten Schritte zur Vorbereitung der Rückkehr unternommen hatten; Aber die Tatsache, dass der Fahrpreis für das erste Schiff nicht aus seinem eigenen Geld bezahlt wurde, hatte für Simon Young genug Gewicht, um zu beschließen, zu warten, bis er in der Lage war, die Kosten für die Überfahrt für sich und seine Familie zu bestreiten.

Da er über wenig Erfahrung im Unterrichten von Kindern in der Wochentagsschule verfügte und jahrelang als Sonntagsschullehrer tätig war, lag ihm auch das Wohlergehen der jungen Menschen, die vor ihm in die alte Heimat gekommen waren, und der Gedanke an sie sehr am Herzen Die Not und die tiefe Liebe zur *Heimat* schienen ihn zu diesem Schritt zu drängen. Vergeblich stellten Verwandte und Freunde den Eltern die Frage nach dem künftigen Wohlergehen ihrer Kinder; Ihre Entscheidung war gefallen, die Überfahrt bereits in Angriff genommen, und der Gedanke, sich noch einmal zurückzuziehen, durfte nicht zugelassen werden.

Ihre Verwandten waren nicht die einzigen, die gegen ihre Abreise waren. In einem Brief an die Frau von Simon Young drückte Mrs. Selwyn nicht nur ihre Meinung, sondern auch die von Bischof Selwyn und Bischof Patteson hinsichtlich der Verkündigung des Wortes Gottes und der damit verbundenen Zeremonien aus. Über die „wichtigen Neuigkeiten", die sie in Neuseeland erreichten, sagt sie: „Ich will nicht verhehlen, dass es mich sehr, sehr traurig gemacht hat. Ich hatte, wie alle anderen von uns, nie nur eine Meinung über die Rückkehr nach Pitcairn, und Sie wissen ganz genau, was diese Meinung ist; und ich bin mehr beunruhigt, als ich sagen kann, dass Ihre Familie bei der nächsten Abreise als Erste an der Reihe sein wird. Sowohl den Bischöfen als auch mir scheint es eine sehr ernste Verantwortung zu sein, wenn jemand sich und seine Familie freiwillig der Reichweite aller Gnadenmittel entzieht, die unser Herr selbst als für uns notwendig bestimmt hat. Etwas ganz anderes ist es, wenn er ohne eigenes Verschulden oder Absicht ihrer beraubt wird, wie es bei Ihnen allen in den alten Tagen von Pitcairn der Fall war."

, dass Sie die wirkliche Bedeutung dieses Punktes, auf den ich so sehr bestehe, nicht spüren", d . *der autorisierte Dienst am Wort und an den Sakramenten* ." „Sie mögen denken oder auch nicht, dass die Dienste von Bischof Selwyn, mir oder Herrn Nobbs erbaulich sind – das ist nicht der Punkt. Es ist Christus selbst, der durch die Hände seiner regelmäßig ernannten Diener seinem eigenen Volk seinen eigenen Segen gibt. Wenn Sie sich und Ihre Familie vorsätzlich und aus eigenem Antrieb diesen Segen vorenthalten, wie sollen Sie den Segen erhalten? Christus gibt es auf die von ihm festgelegte Weise; Welches Recht haben Sie oder irgendjemand sonst, seinen Weg zu vernachlässigen und dennoch daran zu denken, den Segen zu empfangen?

„Und wenn Sie nicht das Richtige tun, wenn Sie auf solche Privilegien verzichten, können Sie sicher sein, dass Sie anderen damit nichts Gutes tun. Sie ermutigen sie damit, einen Weg einzuschlagen, der nicht richtig ist. Sie sollten Ihren Einfluss nutzen, um andere davon abzuhalten, auf die Segnungen zu verzichten, die Sie auf Norfolk Island haben und auf Pitcairn Island *nicht haben werden.*

„Und in Bezug auf das, was Sie über den ‚von Gott vorgezeichneten Weg' sagen. Mein lieber Freund, oft kommt es vor, dass ein Mann sich zu einem bestimmten Punkt wirklich entscheidet, auch wenn er sich das kaum eingestehen will; und dann sucht er mit einem bereits im Kopf verankerten Entwurf nach Rat und Anleitung ... Wenn Sie nun Zweifel an dem Kurs haben, den Sie einzuschlagen beabsichtigen, und Sie Zweifel haben *müssen*, *müssen Sie* erkennen, dass dies nicht richtig sein kann Verlassen Sie die Segnungen, von denen ich gesprochen habe – Sie können das, was falsch ist, durch keinen anderen Prozess als durch Selbsttäuschung als richtig erscheinen lassen.

„Ihr Ziel ist es, denen, die Gutes getan haben, etwas Gutes zu tun. Aber wenn Gottes Segen dich nicht begleitet, kannst und wirst du ihnen nichts Gutes tun; Und wenn es falsch ist, dorthin zu gehen, ist es auch falsch, andere zum Gehen zu ermutigen. Warum tut es dir leid, dass sie gegangen sind? Nicht nur, weil sie ihre Freunde verlassen haben, sondern es tut Ihnen hoffentlich auch leid, weil sie außerhalb der regulären Dienste der Kirche weiterleben. Aber Sie können diesen Bedarf nicht decken; Du fügst nur die Zahl der Bedürftigen hinzu. Sie missbilligen ihr Verhalten und folgen ihm dennoch. Aber du denkst, du gehst, um ihnen zu helfen. Nein, mein Freund, wenn Sie etwas tun, das zumindest zweifelhaft, wenn nicht falsch ist, sind Sie weit davon entfernt, ihnen zu helfen. Sie verletzen sich selbst und Ihre Familie und ermutigen diejenigen, die gegangen sind, leichtfertig über den Fehler nachzudenken, den sie begangen haben.

GRUPPE JUNGER MÄNNER.

„Ich habe stark geschrieben, aber Sie wissen warum. Wenn ich die Wahrheit gesagt habe, möge Gott es zum Wohle von uns beiden segnen."

Dieser Brief, in solch klarer und eindringlicher Sprache geschrieben und von so viel Sorge um das seelische Wohlergehen derer geprägt, die kurz vor ihrer Abreise standen, hinterließ einen tiefen Eindruck, der jedoch nicht ausreichte, um zu der Überzeugung zu gelangen, dass der bevorstehende Schritt der falsche war.

Ihr eigener Pfarrer, Mr. Nobbs, hatte sich der Rückkehr der ersten beiden Familien stark widersetzt, war nun aber eher dafür als dagegen, dass die übrigen folgen sollten. Statt einen solchen Schritt zu verhindern, war er froh, dass sich jemand finden ließ, der freiwillig ging und die Kinder, die so weit entfernt von Bildungsprivilegien aufwuchsen, nach besten Kräften unterrichtete. Schnell nahte der Tag, der eine weitere schmerzliche Trennung mit sich bringen sollte. Wie im ersten Fall teilten die jungen Leute der zweiten Rückkehrgruppe die Gefühle ihrer Eltern nicht. Pitcairn Island hatte für sie keinen Reiz, und Norfolk Island, ihre Heimat , wurde ihnen wegen der vielen geliebten Gefährten und Freunde, die sie zurücklassen mussten, doppelt lieb.

Eine schmerzliche Prüfung für Simon Young, seine Frau und seine Familie war die Trennung vom ältesten Sohn, einem 18-jährigen Jugendlichen, der zusammen mit einem Sohn von Mr. Nobbs bei Bischof Patteson zurückgelassen wurde, um von ihm ausgebildet und fit gemacht zu werden für ein Leben, das in der Zukunft nützlich für die Arbeit der Mission ist. Es war die eigene Entscheidung und Entschlossenheit des jungen Mannes, beim Bischof zu bleiben, der sowohl seinem Begleiter als auch sich selbst gegenüber immer die freundliche und zärtliche Rücksichtnahme eines Elternteils gezeigt hatte, wenn es um ihr Wohl ging. Ganz gleich, wie traurig der Abschied oder wie hart die Prüfung auch war, die Eltern wussten, dass ihr Sohn in guten Händen war, und Bischof Patteson hatte geschrieben, dass, soweit sie es konnten, sowohl er selbst als auch Mrs. Selwyn die Stelle der Eltern einnehmen würden ihn. Sein Begleiter war ihm immer wie ein lieber Bruder gewesen. [6]

[6] Edwin Nobbs und Fisher Young schlossen sich der Melanesischen Mission unter ihrem ersten Bischof, dem Reverend JC Patteson, an. Ersterer wurde wahrscheinlich der Nachfolger seines Vaters, des Reverend GH Nobbs, Pfarrer der Kirche auf Norfolk Island. Aber dazu sollte es nicht kommen. Knapp vier Jahre nach seinem Beitritt zur Mission besuchte der Bischof die Insel Santa Cruz und fand die Eingeborenen feindselig gegenüber ihrer Landung vor. Beim ersten Besuch des Bischofs hatten sich die Eingeborenen freundlich gezeigt, aber jetzt, im August 1864, wurde ein plötzlicher und unerwarteter Angriff der Eingeborenen auf ihre Besucher durchgeführt, und die jungen Männer, Edwin und Fisher, wurden verwundet, ersterer an der linken Wange, letzterer am linken Handgelenk. Ein Engländer namens Pierce wurde an der Brust verletzt, erholte sich jedoch wieder. Fisher starb am achten Tag, nachdem er die schrecklichen Qualen eines Wundstarrkrampfes erlitten hatte. Sein Leichnam wurde in Port Patteson an Land gebracht und dort begraben. Sein tieftrauriger Gefährte nahm an der Beerdigung teil. Durch die Kälte bekam er eine Erkältung, die zu derselben schlimmen Krankheit führte. Alles, was die liebevollste Fürsorge nur möglich machte, wurde für sie getan, aber vergebens. Der Bischof schrieb über diese traurige Zeit: „Niemals habe ich so viel Kummer erlebt; niemals war ich so niedergeschlagen von übermäßiger Trauer." Sie starben beide in den Armen des Bischofs, und fast die letzten Worte eines jeden waren ein Gebet für ihre Mörder. Edwin wurde auf See bestattet. Man kann wahrlich von ihnen sagen, dass

„Sie waren schön und angenehm in ihrem Leben,

Und im Tod waren sie nicht getrennt."

Der zu Recht beliebte Bischof Patteson selbst fiel am 20. September 1871, sieben Jahre nach dem Tod der jungen Männer, dem mörderischen Angriff der Eingeborenen zum Opfer.

Und nun war die Zeit des endgültigen Abschieds gekommen. Noch einmal versammelten sich trauernde Freunde in der Kirche, die einige von ihnen für immer nicht mehr kennen würde, um für alle um göttliche Hilfe und Segen zu flehen, aber vor allem, um die scheidenden Freunde der Obhut und dem Schutz ihres treuen Gottes anzuvertrauen. Die Hymne, die Mr. Nobbs komponiert und bei der letzten Gelegenheit gesungen hatte, wurde erneut gesungen. Die beiden letzten Strophen davon sind hier wiedergegeben. Sie beziehen sich direkt auf die Abreisenden und wurden für diese besondere Abschiedsversammlung komponiert:

„Denn die im Fleische bleiben,

Obwohl wir sie nicht sehen,

Zur Erinnerung an sie bewahren wir

Reine und strahlende Zuneigung;

Obwohl getrennt, abgetrennt, weit weg,

Vielleicht treffen wir uns nie mehr,

Für ihren Wohlstand werden wir beten,

Und liebe sie wie zuvor.

„Wieder einmal ist die Verbindung gelöst;

Brüder und Schwestern, geht auseinander;

Die traurige Trennung steht bevor

Durchdringt jedes Herz mit Trauer;

Hier, jetzt, unter diesem heiligen Dach

Wir flehen um neuen Segen,

Unter unseren Tränen der leidenschaftliche Beweis,

‚Wir werden dich lieben wie zuvor.‘“

In der großen Gesellschaft, die sich zum letzten Abschiedsgottesdienst versammelt hatte, gab es kaum ein Auge, das nicht vor Tränen getrübt war. Brüder und Schwestern sowie Eltern und Kinder, die nie gewusst hatten, was Trennung bedeutete, mussten nun den Schmerz erleben. Vielleicht empfand niemand die Bitterkeit des Abschieds mehr als die beiden betagten Mütter Elizabeth Young und Hannah Young, die ihre liebsten Kinder zurückließen, um in die ferne Heimat ihrer Kindheit zurückzukehren. Die Nacht nach dem Abschiedstreffen war eine wache Nacht für diejenigen, die der Abschied am meisten betraf, da am nächsten Morgen die Abreise stattfinden würde. Der

Morgen dämmerte nur zu früh. Die ganze Gemeinde, einschließlich aller anderen Familien, die sich kürzlich bei ihnen niedergelassen hatten, begleitete die Gruppe, die abreiste, bis zum Pier. Lautes Schluchzen und viele Tränen erzählten, wie schwer die Trennung war. Schließlich war alles vorbei – die letzte zärtliche Umarmung, der anhaltende Kuss, der warme Händedruck – und die Reisenden begaben sich in ihr kleines Schiff, um zu der abgelegenen Insel zurückzukehren, auf der ihnen die beiden anderen Familien sechs Jahre zuvor vorausgegangen waren. Zwei Männer, Verwandte der auswandernden Familien, begleiteten sie zu Besuch.

Vor dem Ende der Reise ereignete sich ein Todesfall, nämlich der eines Kindes von Thursday Christian, das schon seit einiger Zeit krank war, bevor es Norfolk Island verließ. Auf Wunsch der Mutter stimmte der Kapitän freundlicherweise zu, die Leiche aufzubewahren, sie zu bringen und zusammen mit anderen ihrer Kinder auf den Friedhof der Pitcairn-Insel zu legen. Der Leichnam wurde in ein Fass gelegt, das im vorderen Teil des Schiffes an Deck platziert wurde und für einige Zeit ein Gegenstand des Schreckens für die abergläubischen Geister der jungen Leute an Bord war, die sich fragten, wie die Mutter es wagen konnte, sich dem zu nähern Mitten in der Nacht entdeckte sie einen Ort und weinte dort über ihr Kind. Allmählich ließen die Gefühle der Ehrfurcht und Angst jedoch nach, und als das kleine Schiff sich dem Ende seiner Reise näherte, blieb nur der Wunsch, dass das sanfte Kind verschont geblieben wäre, um den Ort zu erreichen, wohin sie wollten. Und auch der Kummer über den Abschied von Freunden auf der Norfolkinsel verlor allmählich an Bitterkeit, da der Gedanke, ihre lange getrennten Freunde bald wiederzusehen, ins Leben gerufen wurde. Dennoch verrieten das häufige Seufzen und die stille Träne, dass die Lieben nicht vergessen waren. Besonders berührend war es zu sehen, wie die beiden alten Damen, die keine heranwachsende Familie hatten, in deren Gedanken sie sich vertiefen konnten, zusammensaßen und stille Tränen weinten, wie es bei alten Menschen üblich ist, über die Söhne und Töchter, die sie nicht mehr sehen sollten.

Kapitel XVI.

Die Rezeption

Der Schoner *St. Kilda* , der am 18. Dezember 1863 die zweite Rückkehrgruppe nach Pitcairn Island beförderte und Norfolk Island verließ, erreichte sein Ziel am 2. Februar 1864, und die Reise verlief im Großen und Ganzen angenehm. Es war Nacht, als das kleine Schiff das Ende seiner Reise erreichte, eine wunderschöne Nacht, ruhig und klar, und die ahnungslosen Leute an Land dachten nicht im Traum daran, am nächsten Morgen die lange abwesenden Gesichter von Verwandten und Freunden zu sehen, und bereiteten sich darauf vor, sich zurückzuziehen Ich wollte mich ausruhen, als der scharfe Knall einer Muskete über dem Wasser die Stille durchbrach. An Bord herrschte Aufregung und Trubel, Musketen feuerten, die jungen Männer grölten und zündeten Taschenlampen an, um die Aufmerksamkeit der Landbewohner auf sich zu ziehen, wobei sie einige von ihnen sogar beim Namen riefen, da das Schiff nahe am Land lag.

Dem vollkommenen Babel der Klänge gelang es bald, nicht nur die friedlichen Bewohner, sondern auch deren Schrecken zu wecken. Sie verließen ihre Häuser und eilten in den Teil des Landes hinunter, der das Meer überblickte, von wo aus der Lärm kam, um zu versuchen, die Ursache für diesen Aufruhr herauszufinden. Eine undefinierbare Angst erfasste ihre Herzen, als sie die Lichter sahen und die wiederholten scharfen Knallgeräusche der Musketen über dem Wasser hörten. Die Kinder wurden ermahnt, sich nicht zu entblößen, sondern sich hinter den dichten Sträuchern und Bäumen zu verstecken, damit sie nicht von einer verirrten Kugel getroffen würden, denn sie wussten nicht, dass in den Fässern nichts als Pulver war. Von der Küste aus gab es keine Antwort an die Menschen an Bord, da die verängstigten Inselbewohner es für klüger hielten, vollkommenes Schweigen zu bewahren und bis zum Morgen zu warten, um die Ursache der Unruhe zu erfahren.

Sehr früh am nächsten Morgen machten sich zwei der Männer mit ihren Kanus auf den Weg und stellten zu ihrer angenehmen Überraschung fest, dass der furchtbare Feind der vergangenen Nacht nur eine Gruppe alter Freunde war, die gekommen waren, um sich wieder in ihrem früheren Zuhause niederzulassen. Sobald es möglich war, wurde das Boot abgesenkt und die Passagiere an Land gebracht. Sie waren nicht wenig belustigt, als sie feststellten, dass die Mädchen auf der Insel sich keineswegs von ihrem Schrecken erholt hatten, sondern bei der Annäherung der ersten Personen, die landeten, in verschiedene Richtungen davonliefen, um sich zu verstecken, und sich kaum von ihnen überzeugen ließen ihre Mütter kamen heraus und begrüßten ihre Freunde. Allmählich ließ ihre extreme Schüchternheit jedoch nach und bald plauderten sie miteinander über alles, was seit ihrer langen Trennung geschehen war.

Abgesehen davon, dass die einst bewirtschafteten Ländereien alle von Unkraut überwuchert waren und die Häuser größtenteils in Trümmern lagen, schien es, zumindest in den Augen der älteren Menschen, keine Veränderung auf der Insel zu geben. Aber auf die jüngeren Leute hinterließ die Abwechslung von der Insel, die sie gerade verlassen hatten, einen großen Eindruck; die Wohnhäuser und Küchen standen in ihrer hässlichen Kargheit und verrauchten Erscheinung in einem ungünstigen Kontrast zu den ordentlich gebauten Häusern und aufgeräumten Küchen, die sie gewohnt waren Zu. Auch die Öfen, in denen der größte Teil des Kochens stattfand, waren lediglich in den Boden gegrabene Löcher, wobei die erforderliche Wärme aus einer Reihe kleiner Steine gewonnen wurde, die nach dem Anzünden des Feuers über einen Holzstoß gelegt wurden, um die Steine zu erhitzen. Die Abdeckung solcher Öfen besteht aus Blättern und einer dicken Erdschicht darüber, die das Entweichen des Dampfes wirksam verhindert, der die darin befindlichen Speisen so gründlich und gut gart.

Auch das Aussehen des kleinen Dorfes unterschied sich so sehr von dem Ort, an dem sie kürzlich gelebt hatten! Anstelle einer langen Reihe von Häusern, die ordentlich nebeneinander standen und auf eine breite und gut gepflasterte Straße blickten, gab es hier nur ein paar bescheidene, strohgedeckte Behausungen – von denen nur zwei bewohnbar waren – halb versteckt im dichten Baumbestand, der sie umgab . Aber das allgemeine Erscheinungsbild, so anders, war trotzdem schön, und der Anblick der Orangenhaine, die ihren Reichtum an goldenen Früchten zur Schau stellten, war für die jungen Leute, die noch nie zuvor einen solchen Anblick gesehen hatten, ein sehr erfreuliches Bild. In der Nähe konnte man die Brotfruchtbäume mit ihren großen, schönen Blättern sehen, die Seite an Seite mit dem glänzenden, dunkelblättrigen *Fei* oder Bergbananen wuchsen, dessen schweres Fruchtbündel von einem kräftigen Stiel in aufrechter Position getragen wurde direkt aus der Mitte der Blätter, während hier und da ein Kokosnussbaum seine anmutige Hilfe leistete, um die Landschaft zu verschönern. Über allem thronten die weit ausladenden Äste des mächtigen Banyanbaums, die mit ihrem zarten, hellgrünen Laub lieblich waren und deren Wurzeln, wenn sie von den Ästen über ihnen herabhängen, eine starke Versuchung für die Jungen und Mädchen darstellen, dorthin zu gehen schwingt auf ihnen. Beim Schwingen an den Wurzeln der Banyanbäume kommt es manchmal zu einem Unfall, aber in keinem Fall endete der Unfall tödlich, und nur in einem Fall kam es zu Knochenbrüchen.

Alles an der Insel, die Art zu kochen und zu leben im Allgemeinen interessierten die jungen Leute sehr. Noch nie zuvor hatten sie so ein Krähen von Hähnen am frühen Morgen gehört oder das endlose Zwitschern zahlloser Hühner, die ihren geschäftigen, gackernden Müttern folgten. Die Jungen und Mädchen, für die ein so freies, wildes Leben eine willkommene Abwechslung zu der Enge einer langen Reise war, machten sich mit Begeisterung auf die Suche nach Hühnereiern, von denen es auf der ganzen Insel eine Fülle gab. Die Zeit verging für sie schnell wie ein langer Urlaub, denn in der unruhigen Lage der Dinge waren sie nicht an irgendwelche Schulpflichten gebunden.

Auf beiden Seiten gab es viel zu hören und zu erzählen. Eine Geschichte, die die Neuankömmlinge sehr interessierte, war die eines peruanischen Schiffes, beladen mit Eingeborenen, das im Jahr zuvor, 1863, von der Osterinsel nach Pitcairn kam. Als der Kapitän des Schiffes nahe genug gekommen war, befahl er, ein Boot zu Wasser zu lassen und zu bemannen. Er selbst begab sich ins Boot, um einen Landeplatz zu suchen. Die Leute am Ufer beobachteten, wie sich das Boot näherte, und zwei Männer fuhren in einem Kanu los, um die Fremden zu treffen. Der Kapitän fragte sie: „Können Sie *Englisch sprechen* ?" Als er eine bejahende Antwort erhielt, sagte er, dass er an Land gehen würde, um zu sehen, ob er Zuckerrohr für eine Ladung Sklaven besorgen könne, die er an Bord hatte und die er, wie er ihnen mitteilte, zu ihren Häusern bringen würde. Als er an Land kam, versuchte er mit vielen Argumenten, jedes Mitglied der beiden Familien davon zu überzeugen, ihn zurück zum Schiff zu begleiten, wo sie, wie er ihnen versicherte, eine freundliche Behandlung erfahren würden. Eine Sache, die er beanstandete, war ihre Kenntnis der englischen Sprache, und er sagte ihnen auch, dass ihre Haut nicht so dunkel sei, wie er erwartet hatte.

Die Bitten des Kapitäns, an Bord zu gehen, und seine oft wiederholten freundlichen Äußerungen ihnen gegenüber erregten ihren Verdacht, und sie lehnten entschieden ab; Die beiden Männer, die das Boot abgeholt hatten, gingen jedoch an Bord des Schiffes. Dort erlebten sie einen Anblick, den sie nicht so schnell vergessen konnten. Zahlreiche arme Eingeborene unterschiedlichen Alters, von ganz kleinen Kindern bis hin zu Männern und Frauen im mittleren Lebensalter und darüber hinaus, von denen viele völlig nackt waren, drängten sich in den engen und stickigen Laderaum des Schiffes. Diejenigen, die nicht ganz nackt waren, hatten ein Hüfttuch nur zu ihrer Bedeckung. Alle schienen traurig zu sein, und auf ihren Gesichtern war viel Kummer zu erkennen und sie hatten den Ausdruck hoffnungslosen Elends. Die Atmosphäre an dem Ort, an dem die armen Eingeborenen eingesperrt waren, war aufgrund des Mangels an frischer Luft sehr ungesund, und viele der Sklaven litten unter einem quälenden Husten, der ihre Körper erschütterte. Der Kapitän erzählte ihnen, dass er zu den Gambier-Inseln fahren würde, um die armen Tiere in ihre Häuser zurückzubringen.

Erst viele Jahre später wurde die Wahrheit über das Schiff und seine Aufgabe bekannt. Die Eingeborenen wurden an die peruanische Küste gebracht, um dort als Sklaven zu arbeiten, und der Kapitän versuchte, so viele wie möglich mitzunehmen. Lange Zeit später kehrten einige der Überlebenden in ihre Heimat auf der Osterinsel zurück, doch mit ihrer Rückkehr wurden bestimmte Krankheiten eingeschleppt, die bis dahin unter ihrem Volk unbekannt waren. Ihre Heimkehr war daher sowohl ein Grund zum Bedauern als auch zur Freude.

Während die beiden Familien auf Pitcairn mit robuster Gesundheit und reichlich Nahrung gesegnet waren, war ihre Kleidung sehr knapp bemessen und sie mussten noch lange Dienst tun, als sie schon abgenutzt war und kaum noch ausreichte, um zusammenzuhalten. Ihre sehr begrenzten Vorräte wurden von Walfangschiffen beschafft, die von Zeit zu Zeit anlegten, um frische Vorräte zu holen. Einmal wurden sie auf folgende Weise hereingelegt: Der Kapitän eines gewissen Walfangschiffs, der etwas Frisches in Form von Obst und anderen Dingen brauchte, legte auf der Insel an, um Nachschub zu holen. Er nahm den Inselbewohnern 118 Hühner, eine Anzahl Schweine, insgesamt etwa 18 Fässer mit Yamswurzeln und Kartoffeln und große Mengen Obst ab. Das Besorgen und Tragen dieser Dinge zum Anlegeplatz beschäftigte eine Handvoll Männer und Frauen und die wenigen Kinder, die alt genug waren, um zu helfen, eine ganze Woche lang. Die Leute brauchten dringend Kleidung, die man ihnen durchaus als Bezahlung für ihre Gaben hätte verkaufen können, aber sie erhielten dafür etwa sechzehn Yards Kattun, drei Schachteln Seife, von denen zwei zusammen gerade eine bequeme Last für einen Jungen bildeten, und das Geschäft wurde durch eine Seilrolle und zwei halb abgenutzte Wannen abgerundet, die dazu dienten, den Schlamm aus den Brunnen auf der Insel zu entleeren, der gereinigt werden musste. Der Kapitän führte harte Zeiten als Entschuldigung für seine Gaben an, und die Leute mussten sich mit einer solchen Erklärung zufrieden geben. Aber als man die Geschichte später erzählte, lachte man oft herzlich auf ihre Kosten, da man sah, wie leicht man sie hereinlegen konnte und wie selbstverständlich sie es hinnahmen.

KAPITEL XVII.

WIEDER ZUHAUSE.

Besuch der HMS Sutlej

Wie zu erwarten war, waren die ersten Wochen nach der Ankunft der zweiten Gruppe in der Tat sehr arbeitsreich. Sie wurden so gut untergebracht, wie es in den beiden kleinen Wohnungen der Familien, die zuerst kamen, möglich war. Aber die Unannehmlichkeiten, die mit solch beengten Unterkünften verbunden waren, wurden mit Freude ertragen. In kurzer Zeit wurde für jede Familie der Neuankömmlinge eine provisorische Unterkunft errichtet, in die sie zogen, bis ihre endgültigen Häuser gebaut waren. Da alle Männer und Jungen die Arbeit übernahmen und sich bereitwillig und fröhlich gegenseitig halfen, ging das Baugeschäft schnell voran.

Eine angenehme Abwechslung in den arbeitsreichen Wochen war der Besuch von Admiral Sir John Kingcome auf seinem Flaggschiff, der *Sutlej*, am 29. März 1864. Es war ein strahlender Tag, das Meer zeigte kaum eine Welle und der Himmel zeigte sein schönstes Blau. Die Insulaner genossen den Anblick der großen Boote voller Männer, die zwischen Ufer und Schiff hin- und herfuhren. Eine große Menge Offiziere und Mannschaften gingen an Land, und alle schienen ihren Besuch sehr zu genießen und nahmen gern das Privileg wahr, umsonst mitzunehmen, was die Insel hervorbrachte. Die jungen Herren zeigten großes Interesse an der Zubereitung eines Abendessens, das nach Inselart für sie zubereitet wurde, besonders an dem Teil, bei dem ein Schwein zubereitet und in einem primitiven unterirdischen Ofen gegart wurde, einer beliebten Art der Fleischzubereitung bei den Menschen.

Am Nachmittag, als die Leute freundlicherweise eingeladen worden waren, das Schiff zu besichtigen, gingen fast alle an Bord und hatten eine entzückende Zeit, die verschiedenen Teile des großen Schiffes zu besichtigen und mit begeisternder Freude der Kapelle zuzuhören, wie sie süßeste Musik vortrug. Zumindest für einen jungen Mann war der Besuch des *Sutlej* angebracht. Er hatte eine Wunde am rechten Knie, die tödlich zu enden drohte, aber der Schiffsarzt untersuchte die Wunde, untersuchte die Wunde und wendete die richtigen Heilmittel an. Die anschließende Heilung verlief schnell und vollständig. In der langen Zeit nach der Ankunft des Admirals, als die Inselbewohner völlig vom Rest der Welt ausgeschlossen zu sein schienen, blieb die Freude, die sein Besuch bereitete, immer noch ein Lichtblick in ihrem eintönigen Leben.

Zu dieser Zeit ging es den Menschen vor allem darum, ein geeignetes Haus für den öffentlichen Gottesdienst zu bauen. Die Gottesdienste fanden in einem der Wohnhäuser statt, das zwar genug Platz bot, um die beiden zuerst gekommenen Familien bequem unterzubringen, aber jetzt zu klein für die gestiegene Zahl der Gläubigen war. Sobald diese späteren Ankömmlinge einigermaßen bequem untergebracht waren, begannen die Arbeiten zum Bau der Kirche und des Schulhauses. Hilfsbereite Hände machten die Arbeit leicht, und trotz des Mangels an Arbeitern wurde die schlichte Holzkonstruktion mit Strohdach ordnungsgemäß fertiggestellt und dem Gottesdienst geweiht. Es war ein froher Tag, als sich die kleine Gemeinde zum ersten Mal in ihren bescheidenen Mauern traf, um Gott anzubeten, und der Gottesdienst war auch nicht weniger inbrünstig, weil über ihnen nur ein kahles Strohdach war. Simon Young fungierte nun als Anführer des Volkes und übernahm zusätzlich zu seinen Diensten für das geistige Wohlergehen des Volkes die Aufgabe, die Jugend und Kinder nach besten Kräften in den „drei R" zu unterrichten. – Lesen, Schreiben und Rechnen. Nachdem er von der Norfolkinsel einen kleinen Vorrat an Schulbüchern mitgebracht hatte, konnte er mit ihrer Hilfe die jungen und unwissenden Geister zu etwas Höherem führen als der Suche nach Hühnereiern und ihrem eigenen Vergnügen.

SIMON YOUNG UND FRAU.

Da er über gute Kenntnisse einfacher Musik verfügte, brachte er den Kindern mit den wenigen Mitteln, die ihm zur Verfügung standen, auch das Singen bei. Nachdem er sie durch die einfachsten Melodien geführt hatte, brachte er ihnen mit großem Erfolg das vierstimmige Singen bei, und die Tatsache, dass zehn von einer Klasse von fünfzehn Noten vom Blatt lesen konnten, ermutigte ihn sehr in diesem Bereich seiner Arbeit. Als er ein neues Leben begann, Häuser baute und den Boden für den Unterhalt einer großen Familie bebaute, blieb ihm kaum Zeit zur persönlichen Weiterentwicklung, aber was er konnte, tat er gewissenhaft. Bei der Bebauung des Landes halfen Frau und Kinder und erleichterten so die schweren Pflichten des Ehemanns und Vaters. Keine Arbeit durfte das verdrängen, was das liebste Ziel und der Zweck seines ganzen Lebens war, nämlich den jungen Menschen Wissen zu vermitteln und ihnen dabei zu helfen, das Gute, Reine und Wahre zu lieben, und sie dazu zu inspirieren, selbst nach den Wissensschätzen zu suchen, die in den Werken anderer Menschen zu finden sind, von denen er einige wenige Bände besaß. Er organisierte auch eine Sonntagsschule, wobei er zunächst die ganze Arbeit selbst übernahm und bei Bedarf andere zu seiner Unterstützung einstellte.

Im Dezember 1864 wurden sechs der jungen Leute – drei der älteren Siedler und drei der anderen – durch den Bund der Ehe vereint, und die Hochzeit fand am Weihnachtstag statt. Zumindest für den jüngeren Teil der Gemeinde war die Aufregung einer dreifachen Hochzeit ein sehr angenehmer Zufall, um die Monotonie ihres ruhigen und abgeschiedenen Lebens zu durchbrechen.

Im Jahr 1866 lief ein Kriegsschiff, die *Mutine* , auf der Insel an und brachte Briefe von Verwandten und Freunden auf der Norfolkinsel mit, das erste Wort, das sie seit der Trennung vor fast drei Jahren erhalten hatten. Es war ein stürmischer Tag im November – so stürmisch, dass das Schiff nur lange genug Verspätung hatte, um die Post auszuliefern, da ein Kanu mit zwei Männern darin die schweren Brecher und das tosende Meer erfolgreich durchquert hatte, um das Schiff zu erreichen. Die überbrachte Nachricht war größtenteils traurig, da der Tod mehrerer lieber Freunde registriert wurde, aber was die Menschen am meisten zutiefst berührte, war die Nachricht vom Tod von Edwin Nobbs und Fisher Young, die von den Eingeborenen von Santa erschossen worden waren Cruz, als sie mit dem Bischof von Melanesien diesen Ort besuchten. Obwohl die beiden jungen Männer schon zwei Jahre tot waren, bevor die Nachricht sie erreichte, empfand der Verlust ihres erstgeborenen Sohnes die Eltern von Fisher Young mit dem ganzen Schock eines plötzlichen und unerwarteten Verlusts, und die herzzerreißenden Schreie der Mutter zeugten von der Trauer fühlte mit ihrem Sohn. Er war bereits vor seiner Geburt Gott geweiht worden und wählte den Weg eines Missionars. Für seine Eltern war es kein geringer Trost, dass seine letzte Sterbebotschaft lautete: „Sag meinem Vater, dass ich auf dem Weg der Pflicht gestorben bin." Als die traurige Nachricht eintraf, herrschte große Trauer in der kleinen Gemeinde, und es flossen viele Tränen für diejenigen, die gegangen waren, insbesondere für die beiden jungen Männer, die von allen geliebt und respektiert wurden.

Rev. GH Nobbs, Edwins Vater, schrieb zu diesem traurigen Anlass eine Hymne, die von den Menschen auf der Norfolkinsel häufig gesungen wurde, nach der Melodie „Jerusalem der Goldene" (Ewing). Eine Kopie des Textes und der Musik wurde an ihre Freunde auf Pitcairn Island geschickt. Es folgt die Hymne, die bald gelernt und häufig gesungen wurde:

„O Herr, der Wahnsinn der Heiden

Hat unsere Tränen zum Fließen gebracht;

Und dennoch, inmitten unserer Traurigkeit,

Dieser Gedanke lindert das Leid, –

Es gibt keinen Fortschritt auf der Welt

Das ist vor Deinen Augen verborgen,

Korrigieren, wie beim Segen

„Soll unser Gott nicht das Richtige tun?"

„Die Mühen unserer Lieben haben ein Ende,

Die vergängliche Reise des Lebens beschleunigte sich,

Bis die Erde ihre Erschlagenen entdeckt,

Und der Ozean bringt sie tot hervor;

Dann, als ihr Herr erschien,

Geschmückt mit der Märtyrerkrone,

Und makellose Kleidung tragend,

Soll als sein Same bekannt sein.

„Wir küssen die Hand, die uns geschlagen hat,

Und verneige dich vor der Rute;

Du hast uns in deiner Barmherzigkeit gelehrt

Zu wissen, dass Du Gott bist.

Mit unverhohlener Unterwerfung

Wir würden uns Deinem Thron nähern,

Ich präsentiere diese Petition,

‚Dein Wille, o Herr, geschehe.'"

Seit der Ankunft der zweiten Gruppe gab es auf der Insel zwei Todesfälle, und diese ereigneten sich innerhalb weniger Wochen. Die erste war die von Hannah Young, John Adams jüngster Tochter, in ihrem dreiundsechzigsten Lebensjahr; das andere ein junges Mädchen, beide Opfer von Konsum.

Im Jahr 1867 hatten die Menschen das Vergnügen, die Besuche der königlichen Postdampfer *Rakaia* und *Kaikoura zu genießen* . Der erstere legte dreimal an, der letztere einmal, bevor die Panamalinie aufgelöst wurde. Der

Bericht über den ersten Besuch der *Rakaia* , geschrieben von einem Herrn namens Dilke, der Passagier an Bord war, und der 1868 oder 1869 in der *Leisure Hour veröffentlicht* wurde, erreichte schließlich die Insel und wurde von den Menschen mit großem Interesse gelesen. Die Abbildung, die den Artikel begleitete, sorgte für große Belustigung, da sie ein mit Kokosnussblättern verziertes und mit Früchten beladenes Kanu darstellte, das zu einem Schiff in der Ferne gepaddelt wurde. Das Kanu hatte zwei Insassen, von denen jeder als einzige Bedeckung ein kleines Lendentuch trug. Die Darstellung war nicht sehr wahrheitsgetreu. Als weiteres Beispiel dafür, was die Außenwelt über den kleinen isolierten Felsen und die Menschen darauf wusste, kann folgender kleiner Vorfall erzählt werden:

Etwa zwei Jahre vor dem Anlegen der *Rakaia lag* ein Handelsschiff, die *John L. Demock* , auf seiner Fahrt von den australischen Kolonien nach San Francisco zwei Nächte und einen Tag vor der Insel in der Flaute. Das Schiff wurde nicht gesehen, als es an der Südseite der Insel ankam. Am zweiten Tag sahen die Leute an Bord vom Ufer aus weder ein Boot noch irgendein anderes Zeichen, dass die Insel bewohnt war, sie ließen ein Boot zu Wasser, und seine Besatzung, darunter mehrere männliche Passagiere, steuerte auf das Ufer zu. Die Leute an Land erblickten das Boot erst, als es sich in kurzer Entfernung vom Land befand und ein oder zwei Kanus ablegten, um die Fremden zu empfangen, willkommen zu heißen und ihnen den Anlegeplatz zu zeigen. Es war eine angenehme Überraschung für die Besucher, dass man sie auf Englisch ansprach, und der herzliche Empfang, der ihnen bereitet wurde, und die herzliche Einladung, zu kommen und die Gastfreundschaft der Insel zu genießen, nahmen ihnen ihre Ängste vollständig, und sie versteckten hastig die Verteidigungswaffen, mit denen sie für den Fall eines feindlichen Angriffs gut gerüstet gekommen waren. Ihr Aufenthalt von einem Tag und einer Nacht genügte, um zu beweisen, dass alle ihnen gegenüber nur Wohlwollen empfanden, und als sie abreisten, nahmen sie ihr Boot mit, voll beladen mit allem, was die Insel zu bieten hatte. Als sie das Schiff erreichten, stellten sie fest, dass ihre Gefährten gerade ein weiteres Boot und weitere Waffen bereit machten, um sie zu suchen, da sie befürchteten, sie könnten auf Feinde gestoßen sein. Aber die lange Verspätung wurde glücklicherweise erklärt, und das gute Schiff war bald wieder unterwegs. Einige Fragen, die denen gestellt wurden, die selbst zu diesem späten Zeitpunkt noch an Bord eines Schiffes gehen, sind sehr amüsant. „Wissen Sie, was *das* ist?" wurde einer der Inselbewohner gefragt, wobei es sich bei dem fraglichen Gegenstand um ein Stück Zucker handelte. „Können Sie Schrift lesen?" „Kann irgendjemand auf der Insel lesen?" oder „Sie wissen nicht, was Lesen ist?" und ähnliche Fragen wurden ernsthaft von einigen gestellt, die die Menschen zum ersten Mal kennenlernten.

Im März 1868 besuchte John Buffett, mittlerweile über siebzig Jahre alt, aber immer noch gesund und aktiv, seine einzige Tochter, Mrs. Mary Young. Alle freuten sich, den alten Mann willkommen zu heißen, mit dessen Wiedersehen niemand gerechnet hatte. Im Juni desselben Jahres machte die *Ashburton* aus den Kolonien einen Zwischenstopp für einen Tag und eine Nacht. Ihr Kapitän Smith war ein früherer Bekannter, und da nun eine große Gruppe Passagiere bei ihm war, erlaubte er ihnen freundlicherweise, an Land zu kommen und den Tag zu verbringen. Die Damen und Herren zögerten nicht lange, von der freundlichen Erlaubnis Gebrauch zu machen, und die Inselbewohner genossen ebenso viel Freude an ihrem kurzen Besuch wie sie selbst. Es wurde ein Tisch aufgestellt, der lang genug für die ganze Gesellschaft war, und an dem sich alle zu einem Abendessen niederließen, das eilig für sie zusammengestellt worden war. Am Abend sangen einige Mitglieder einer Operngruppe unter der Leitung von Herrn Fred Lyster und Frau Minnie Walton einige ihrer Lieder zur Unterhaltung des Volkes, und im Gegenzug sangen die Schulkinder einige ihrer Rollenlieder. Diese endeten, die Besucher verabschiedeten sich, als die Nacht hereinbrach, aber der wunderschöne Mond, der in seinem vollen Glanz schien, erleuchtete den Weg über das kräuselnde Wasser, während das Boot, beschwert mit seiner lebenden menschlichen Fracht, weiter glitt , nachdem das herzliche „Godspeed" gesprochen worden war.

in Begleitung eines seiner Enkel und eines anderen jungen Mannes mit dem Walfangschiff *Sea Ranger nach Norfolk Island zurück*. Sie wurden von ihren Verwandten und Freunden auf Norfolk Island mit jeder Menge Freude empfangen, und ihre unerwartete Ankunft löste große Aufregung aus. Ihnen wurde jede Aufmerksamkeit geschenkt und zugunsten ihrer Besucher wurden Feste und Tänze veranstaltet. Als sie eine Einladung erhielten, die hübsche Kapelle und das Gelände der Melanesischen Mission zu besichtigen, gingen sie dorthin und waren beeindruckt von der Ordnung und Sauberkeit, die überall herrschte. Das ordentliche Verhalten der Studenten und die Genauigkeit, die die Organisation der gesamten Einrichtung unter der kompetenten Leitung von Herrn RH Codrington, der zu dieser Zeit an der Spitze der Mission stand, kennzeichneten, riefen bei ihnen höchste Bewunderung und wiederholte Besuche hervor Dies verstärkte nur den zunächst gewonnenen Eindruck, dass in der Mission eine edle Arbeit geleistet würde.

Der Bischof von Auckland, Neuseeland, war zur gleichen Zeit zu Besuch auf der Norfolkinsel und konfirmierte während seines Aufenthalts einige der jungen Leute, die er in seinen „Notizen eines Besuchs auf der Norfolkinsel" erwähnt folgt:—

„16. November, Samstag. Ich hatte eine Klasse junger Leute aus der Siedlung (*dh* der Heimat der ehemaligen Pitcairner), die am nächsten Tag konfirmiert werden sollten ... Meine Klasse fand in der St. Barnabas-Kapelle statt. Danach erhielt ich Besuch von zwei jungen Männern, James Russell McCoy und Benjamin Stanley Young (Bruder von Fisher Young, der 1864 in Santa Cruz getötet wurde), die kürzlich mit einem Walfangschiff von der Insel Pitcairn gekommen waren. Sie wünschten, zur Konfirmation zugelassen zu werden, und ich war darüber sehr froh, nachdem ich mit ihnen einige Gespräche über das Thema geführt hatte."

Neben dem Konfirmationsgottesdienst ordinierte Bischof Cowie drei Diakone aus dem Kreis der Melanesier. Die beiden jungen Männer verfolgten diese Zeremonie mit großem Interesse. Der Gottesdienst wurde in der Kirche der Norfolk-Insulaner abgehalten, einem Gebäude, das sie kurz zuvor fertiggestellt hatten und auf das sie zu Recht stolz waren, da das Ganze von ihnen selbst entworfen und fertiggestellt worden war. Es war unter dem Namen Allerheiligen geweiht worden. In den „Notizen" von Bischof Cowie wird der Ordinationsgottesdienst daher erwähnt:

„Die Ordination fand um elf Uhr statt, nachdem Mr. Nobbs, der Kaplan der Siedlung, zu einer früheren Stunde das Morgengebet für die Norfolk-Insulaner gesprochen hatte. Zunächst war geplant, die Ordination in St. Barnabas abzuhalten, aber da die Norfolk-Insulaner in diesem Fall aufgrund der Kleinheit der Missionskapelle nicht am Gottesdienst teilnehmen konnten, hielt man es für besser, wenn die Melanesier zur Siedlung (drei Meilen entfernt) gingen, da die neue Kirche dort, All Saints, groß genug war, um die gesamte kirchengehende Bevölkerung der Insel aufzunehmen ... Der ehrwürdige Pfarrer der ehemaligen Pitcairn-Insulaner, Reverend GH Nobbs, assistierte mir bei der Spendung der heiligen Kommunion ... die Zahl der Kommunikanten betrug über hundert. Während die Geistlichen kommunizierten, sang die Gemeinde Hebers wunderschöne Hymne ‚Brot der Welt in Gnade gebrochen' sanft und lieblich ...

„Am Nachmittag um drei Uhr hielt ich bei All Saints eine Konfirmation für die Norfolk-Insulaner ab ... Das Vorwort zum Konfirmationsgottesdienst wurde von Rev. GH Nobbs gelesen, dessen Enkelin Catherine Nobbs die Harmoniumbegleitung spielte beide Dienste. Zwanzig junge Menschen wurden bestätigt (einschließlich der beiden, die kürzlich von der Insel Pitcairn angekommen waren), fast alle Nachkommen der *Bounty*- Meuterer. Die Hymnen wurden von fast der gesamten Gemeinde besonders gut gesungen, eines davon mit der Melodie „Cambridge New", die Berichten zufolge bei Bischof Patteson sehr beliebt war. Ein Sohn und eine Tochter von John Adams von der *Bounty*, nämlich George Adams und Rachel Evans, beide über siebzig Jahre alt, waren beim Gottesdienst, und ich besuchte Arthur Quintall, jetzt ziemlich dämlich, den Sohn eines anderen der Meuterer."

Die drei oben erwähnten älteren Personen waren die einzigen Überlebenden der Kinder der Meuterer auf Norfolk Island, da der Tod viele der Menschen innerhalb von neun Jahren dahingerafft hatte. Im Jahr 1868 fegte ein bösartiges Fieber wie ein stechender Wind über die Insel und viele der Menschen starben, so dass die beiden jungen Besucher die Gesichter vieler lieber Verwandter und Freunde vermissten, an die sie sich noch gut erinnern konnten. Auf der Insel hatten mehrere weitere Veränderungen stattgefunden. In vielen Fällen waren die Menschen auf ihre eigenen Parzellen umgezogen und lebten nun weit voneinander entfernt.

Der fast drei Monate dauernde Besuch wurde so angenehm und erfreulich wie möglich gestaltet, und sie verließen ihre freundlichen Freunde mit Gefühlen der Hoffnung und der Trauer, denn die jungen Männer hatten erwartet, in den nächsten Jahren wieder auf die Insel zurückzukehren. Bei ihrer Abreise bekamen sie Briefe von den Menschen auf Norfolk Island mit nach Hause. Diese Briefe enthielten dringende Ratschläge und ernsthafte Bitten an ihre Freunde auf Pitcairn Island, zu ihnen zurückzukehren und wie zuvor in einer Gemeinschaft zusammenzuleben. Jedes Argument, das zu diesem Thema vorgebracht werden konnte, wurde verwendet, um die Pitcairner zu bewegen, nach Norfolk Island zurückzukehren. Als die Briefe bei ihrer Ankunft den Menschen vorgelesen und die Frage gründlich diskutiert wurden, befürwortete die Mehrheit den Vorschlag. Damit alle Hindernisse aus dem Weg geräumt werden sollten, hatten ihre Freunde großzügig angeboten, auf eigene Kosten ein Schiff zu chartern und auszurüsten, um sie zurück nach Norfolk Island zu bringen, und versprachen auch, dass ihnen im Falle ihrer Rückkehr ihre früheren Landzuteilungen zurückgegeben würden. Die Bedingung war, dass alle zurückkehren würden, da man sonst kaum von ihnen erwarten konnte, solche Kosten auf sich zu nehmen. Natürlich wollten die meisten jüngeren Gemeindemitglieder gern zurückkehren, und auch einige der älteren waren nicht abgeneigt. Doch einige Familien wollten unbedingt bleiben, wo sie waren, und damit war die Sache erledigt.

Ein Argument für ihre Rückkehr war die Veränderung, die Pitcairn Island innerhalb weniger Jahre erlebt hatte. Die extreme Wasserknappheit bereitete den Bewohnern großes Unbehagen und Sorgen, und der Boden, der früher so produktiv gewesen war, schien nun seine bemerkenswerte Fruchtbarkeit verloren zu haben. Die Yamswurzelernte, die bisher so gute Erträge erbracht hatte und eine der Hauptnahrungsquellen gewesen war, ging nun fast völlig aus. Auch die Süßkartoffel blieb der allgemeinen Pest nicht entkommen, denn eine sehr lästige Seuche würde die junge Plantage befallen und ihr Wachstum vollständig verhindern, und als die Knollen reif waren, wurden sie oft von einem zerstörerischen Wurm befallen, der unter ihnen unermessliches Unheil anrichtete.

Auch die Brotfrucht geriet in den allgemeinen Niedergang, und prächtige Bäume, die sich einst unter ihrem Fruchtreichtum gebeugt hatten, begannen zu verfallen und brachten nach und nach keine Früchte mehr, bis sie fast ganz aufhörten. Andere Obstbäume hatten mehr Glück und litten nicht so stark wie die Nahrungsmittelpflanzen. Rund um die gesamte Insel, entlang des *Randes* oder Abgrunds, wo einst ein dichter Wuchs verkümmerter, robuster Bäume gediehen war, konnte man nun kahlen, kargen Boden sehen, der von heftigen Regenfällen weggespült werden konnte. Während dieser Zeit, als die Insel einen solchen Wandel durchlief, kam es häufig zu Dürreperioden. Die Wasserversorgung nahm täglich ab, und die Quellen, die in früheren Jahren ununterbrochen gesprudelt hatten, versiegten nun, bis auf zwei Ausnahmen. Dies war der Zustand der Pitcairn-Insel, als die Bitte der Norfolk-Insel gesendet wurde, dass die Gemeinde dorthin umziehen dürfe. Der bedingte Vorschlag wurde jedoch nicht angenommen und nie wieder erneuert.

Kapitel XVIII.

Wrack der CORNWALLIS

Die letzten Monate des Jahres 1873 und fast das gesamte Jahr 1874 waren die Zeit, in der die Insel mehr als alle anderen unter den Auswirkungen der Dürre litt. Da Schiffe, das einzig mögliche Kommunikationsmittel mit der Außenwelt, die Insel in den Jahren nach der Ankunft beider Parteien von der Norfolkinsel nur sehr selten anliefen, schienen die Bewohner eine kleine Welt ganz für sich zu bewohnen und hätten bleiben können Wenn nicht ein unerwartetes Ereignis eingetreten wäre, das dazu geführt hätte, dass die kleine Insel große Aufmerksamkeit von vielen erhalten hätte, die bis jetzt noch nie von ihrer Existenz gewusst hatten, und das Interesse, das sie gezeigt hatten, wieder auflebte diejenigen, die sich in früheren Jahren als wahre Freunde erwiesen haben.

Gegen Ende Januar 1875 kam das Liverpooler Schiff *Cornwallis* der Firma Balfour, Williamson & Co. auf dem Heimweg von San Francisco in Sicht. Der Kapitän hatte als Junge die Geschichte der Meuterer der *Bounty* und ihrer späteren Besiedlung des abgelegenen Felsens gelesen und beschloss, den Ort aufzusuchen, an dem Christian und seine Mittäter gerade einmal 85 Jahre zuvor gelandet waren. Sie nahmen seine Lehrlinge mit, verließen das Schiff in der Obhut des Ersten Offiziers und kamen in ihrem eigenen Boot an Land, begleitet von einigen Inselbewohnern, die zum Schiff gegangen waren.

Aber es war schon sehr kurze Zeit nach ihrer Landung vergangen, als man bemerkte, dass das Schiff an Boden verlor, und wie von einer unsichtbaren Kraft getrieben, trieb es küstenwärts und trieb schnell und sicher dem Untergang entgegen. Die Menschen am Ufer beobachteten mit atemloser Angst und Schrecken das dem Untergang geweihte Schiff, und innige, aber vergebliche Gebete erhoben sich, dass die schreckliche Katastrophe abgewendet werden möge. Der arme Kapitän, halb außer sich, eilte mit seinen jungen Männern und allen Inselbewohnern, die in Rufweite waren, zum Anlegeplatz, um das Boot zu Wasser zu lassen und auf das Schiff zu setzen, das sich jeden Augenblick den Felsen näherte. Doch keine Anstrengung konnte sie retten, und schon bald stieß sie auf unsichtbare Felsen, nur wenige Meter vom Ufer entfernt. Hätten zehn Minuten mehr Zeit gehabt, wäre sie gerettet worden, da das bis zum Ufer klare Wasser sehr tief ist und ein paar Minuten mehr ausgereicht hätten, um das Schiff aus der Gefahrenzone zu steuern.

Einige der Inselbewohner, die auf dem Schiff geblieben waren, als das Boot zum ersten Mal ablegte, stiegen nun voller Angst vor dem nahenden Schiffbruch hastig in ihr Boot und machten sich auf den Weg zum Ufer. Als sie das Boot des Kapitäns trafen, kehrten sie auch dorthin zurück, wo das

Schiff jetzt lag, ein hilfloses Wrack. Die Aufregung war groß und bald waren alle in der Nähe des Unglücksortes. Die anderen Männer, die bei der Katastrophe mit ihren verschiedenen Aufgaben beschäftigt gewesen waren, kehrten nun von den Feldern zurück und waren, als sie sahen, was passiert war, schnell auf den Felsen in der Nähe der Stelle, an der das Schiff lag. Als sie zum Schiff schwammen, waren sie bald damit beschäftigt, gemeinsam mit den anderen, die vor ihnen gewesen waren, so viel Hilfe wie möglich zu leisten, und kurze Zeit nach dem Aufprall des Schiffes war die gesamte Besatzung sicher gelandet.

Sonst konnte wenig gerettet werden. Der Maat wollte trotz des Windes, der sich inzwischen zu einem Sturm steigerte, zum Schiff zurückkehren, und auf den Ruf „Wer meldet sich freiwillig?" wurde sofort geantwortet, aber die hereinbrechende Dunkelheit und das bedrohliche Wetter machten es ratsam, das Unterfangen auf den nächsten Morgen zu verschieben. Das Boot wurde noch einmal an einen sicheren Ort gezogen, und in der düsteren Dunkelheit und mit noch düstereren Gefühlen zogen der Kapitän und die Mannschaft der *Cornwallis* , begleitet von den Inselbewohnern, Männern, Frauen und Kindern, in einer schweigenden Prozession den steilen Bergpfad hinauf, der zum Dorf führte. Alles, was für die Fremden getan werden konnte, die so unerwartet unter sie geworfen wurden, wurde im Rahmen ihrer begrenzten Mittel getan, und jeder überließ den Schiffbrüchigen während ihres erzwungenen Aufenthalts bereitwillig Schlafräume, da er damit zufrieden war, dass ihre unerwarteten Gäste alles genießen konnten, was für ihren Komfort bereitgestellt werden konnte.

Die größte Sorge bestand darin, bei einem längeren Aufenthalt genug zu finden, um ihre Gäste zu ernähren, denn diese Vergrößerung ihrer Zahl bedeutete zugegebenermaßen eine Belastung für sie in Sachen Lebensmittelversorgung, da die Inselbewohner selbst gezwungen waren, vorsichtig zu sein die Nutzung dessen, was sie hatten, da sich die Insel noch nicht von den Auswirkungen der lang anhaltenden Dürre der vergangenen Jahre erholt hatte. Vom Schiff wurde nichts gerettet. Die schwere See rollte in der Nacht über das arme Schiff hinweg, und am Morgen hatte der Sturm eine solche Gewalt erreicht, dass es aussichtslos war, zum Schiff zurückzukehren, da jede entgegenkommende Welle drohte, es umzuwerfen oder in Stücke zu brechen. Man empfand größtes Mitgefühl für den verzweifelten Kapitän und seine Kompanie aus Offizieren und Männern, aber es konnte nichts getan werden, um das Elend ihrer Lage zu lindern.

Am zweiten Tag, nachdem das Schiff zum Wrack geworden war, kenterte es und zerfiel durch die Gewalt der Wellen. Das umliegende Meer war mit Trümmern übersät, die nach Lee trieben. Das unverletzte Rettungsboot des

Schiffes gehörte zu den Dingen, die beim Auseinanderbrechen des Schiffes vom Schiff verstreut wurden, und in der Hoffnung, es zu retten, begann eine Besatzung der Inselbewohner, die Gig des Kapitäns zu Wasser zu lassen. Mit tapferem Herzen und starken Armen warteten sie auf einen Moment der Ruhe in den wütenden Wellen, um ihnen die Gelegenheit zu geben, sicher über die schreckliche Brandung zu gelangen, die unaufhörlich ans Ufer rollte. Endlich war der Moment gekommen, und auf den Befehl „Vorwärts fahren" hin wurde das Boot mit einer Kraft, die mehr als menschlich schien, aus der Gefahr der Brandung herausgeholt, die es zu verschlingen drohte. Rechtzeitig wurde das Rettungsboot erreicht. Da das Boot voller Wasser war, wechselten sich die Männer ab, das Boot zu entleeren. Da sowohl Wind als auch Gezeiten gegen sie waren, war die Arbeit außerordentlich schwer, aber mutige Herzen und willige Hände sicherten den Erfolg, und nach mehreren Stunden harten Kampfes mit dem Meer wurden sowohl die Gig als auch das Rettungsboot sicher gelandet.

Während die Männer mit der Rettung des Bootes beschäftigt waren, ereignete sich an Land ein trauriger Unfall. Ein zwölfjähriger Junge war mit einigen seiner Gefährten zu den Felsen hinuntergegangen, in deren Nähe das Schiff gestrandet war, um etwas zu holen, das an Land trieb. Beim Versuch, sein Ziel zu erreichen, wurde er plötzlich von der schweren See erfasst und in die kochenden Wasser gespült. Die einzige Hilfe, die geleistet werden konnte, war ein Seil, das man ihm zuwarf, aber bevor es gebracht werden konnte, war der arme Junge gesunken, verletzt und getötet von den herumgeworfenen Trümmern. Die arme, verwirrte Mutter wurde Zeugin der schrecklichen Szene und machte sich in ihrer qualvollen Trauer auf den Weg zu der Stelle, wo ihr Junge gerettet wurde, und wollte sich ins Meer werfen, als ob ein solches Opfer helfen könnte, ihren Jungen zu retten, aber die Arme starker Männer, die ihr gefolgt waren, hielten sie zurück, und sie wurde mit großer Mühe und in bewusstlosem Zustand den felsigen Abhang hinauf zu ihrem Haus getragen, wo mitleidige Freunde sie empfingen und sie während der langen, trostlosen Monate der folgenden Krankheit begleiteten. Der Vater war nicht zugegen, als sich der Unfall ereignete, deshalb wurde ihm eine Nachricht an seinen Arbeitsplatz geschickt. Er konnte sich nur mit Mühe davon abhalten, sich in die aufgewühlte See zu stürzen, in der vagen Hoffnung, die Leiche seines Sohnes zu finden, ließ sich aber schließlich nach Hause führen. Obwohl die Suche mehrere Tage lang fortgesetzt wurde, wurde die Leiche nie wieder gesehen.

DAS MISSIONSHAUS.

Das amerikanische Schiff *Dauntless* war im Laufe des Tages angekommen, und Kapitän Wilbur wartete bis zum nächsten Morgen. Als er erfuhr, was geschehen war, bot er freundlicherweise an, die gesamte Besatzung der *Cornwallis* auf sein Schiff zu nehmen und ihnen eine Überfahrt nach New York zu ermöglichen, wohin er unterwegs war. Das Schiff erlitt am Samstag Schiffbruch, und am Dienstagmittag hatte die gesamte Besatzung das Schiff verlassen, so dass nur die armseligen Überreste des guten Schiffes übrig blieben, um die Menschen an das traurige Ereignis zu erinnern.

Im September darauf wurde eine weitere Schiffbrüchige auf der Insel willkommen geheißen. Das Liverpooler Schiff *Khandeish* , das von San Francisco aus auf dem Heimweg war, erlitt an den Riffen der Oeno-Insel Schiffbruch, und die Besatzung, die alles, was aus den Vorräten des Schiffes gerettet werden konnte, und etwas von ihrer Kleidung mitnahm, blieb in ihrem großen Boot und ihrer Gig zurück für Pitcairninseln. Da der Wind günstig war, war die kurze Reise bald zu Ende. Sobald die Boote der Schiffbrüchigen gesehen wurden, setzte sich eine Besatzung der Inselbewohner in ihr Boot – die Gig, die Kapitän Hammond von der *Cornwallis zurückgelassen hatte* –, um ihre unerwarteten Besucher zu treffen und willkommen zu heißen. Als alle gelandet waren, wurde die Schiffsbesatzung zur besseren Unterbringung unter den Familien, bei denen sie übernachten sollten und die alle zum Strand hinuntergegangen waren, um sie zu empfangen, in Zweier- und Dreiergruppen aufgeteilt. Sie wurden in den Häusern der Menschen willkommen geheißen und waren bald wie Mitglieder

der Familien, in denen sie sich aufhielten, nahmen an der täglichen Arbeit teil, beteiligten sich mit ihnen am Familiengottesdienst und nahmen an allen Gottesdiensten teil, die abgehalten wurden . Während ihres einundfünfzigtägigen Aufenthalts verhielten sie sich so, dass sie die Zustimmung aller gewannen, und als sie am 19. November auf dem britischen Schiff *Ennerdale* nach San Francisco aufbrachen, war der Abschied auf beiden Seiten Ausdruck großer Trauer . Einer der Männer blieb zurück und heiratete kurz darauf eine Witwe, an die er sich gewöhnt hatte.

Der Kapitän, die Offiziere und die Besatzung der *Khandeish* stellten bei ihrer Ankunft in San Francisco dar, dass die Lage der Pitcairn-Inselbewohner in der Tat sehr bedürftig sei, obwohl die Inselbewohner selbst, die ihr ganzes Leben lang an die einfachste Lebensweise gewöhnt waren, dies nicht taten Sie waren sich ihrer „Verlorenheit", wie einige Zeitungen es ausdrückten, genauso bewusst wie ihre verstorbenen Gäste. Über die Behandlung, die ihnen während ihres Aufenthalts auf der Insel zuteil wurde, äußerten sie ihre größte Dankbarkeit und taten, was sie konnten, als Gegenleistung für die ihnen entgegengebrachte Gastfreundschaft. Dies gelang ihnen über ihre allerhöchsten Erwartungen hinaus, denn die großzügigen Bürger von San Francisco reagierten so herzlich, dass weiterhin Spenden eingingen, und zwar mit allen nützlichen und notwendigen Artikeln, an die man gedacht hatte – Kochutensilien, Zinngeschirr fast aller Art, Tassen, Teller , Löffel usw. usw., Holzeimer und Blecheimer – zeugten von ihrer großzügigen Großzügigkeit. Gefertigte und ungefertigte Kleidungsstücke, Knöpfe, Stecknadeln, Nadeln usw., die fast ausreichten, um einen angesehenen Kurzwarenladen zu füllen, wurden zu dem riesigen Warenbestand beigetragen, der als Reaktion auf den Ruf der Nächstenliebe und des Wohlwollens gesammelt wurde. Kapitän Skelly von der *Khandeish* schickte als Beitrag zum allgemeinen Vorrat einen guten Vorrat an Mehl, ein Luxus für die Inselbewohner. Als krönendes Geschenk an das Ganze wurde eine wunderschön klingende Orgel der Mason & Hamlin Organ Company geschickt.

Die Geschenke kamen auf verschiedenen Schiffen, der erste Teil wurde von Kapitän DA Scribner vom amerikanischen Schiff *St. John gebracht* , das im März 1876 auf der Insel ankam. Der Kapitän war ein sehr guter Freund der Inselbewohner, da er die Insel schon mehrmals besucht hatte. Ihm wurde eine große Menge Post von der Schiffsbesatzung anvertraut, die die Insel kürzlich verlassen hatte und deren Briefe sich häufig für die Freundlichkeit ausdrückten, die ihnen während ihres vorübergehenden Aufenthalts entgegengebracht worden war, und die auch voller Lob für die Großzügigkeit und Großzügigkeit der guten Menschen von San Francisco waren, die so bereitwillig auf den Aufruf zur Wohltätigkeit reagiert hatten.

Zu sagen, dass die Inselbewohner für die Güte, die sie so großzügig überschütteten, dankbar waren, würde nur schwach zum Ausdruck bringen, was sie wirklich empfanden. Sie waren in der Tat dankbar, aber dennoch fühlten sie sich ihrer Unwürdigkeit bewusst, dass sie als Gegenleistung für die kleinen Taten menschlicher Güte, die ihre Mitmenschen in Bedrängnis brachten und von denen sie zu Recht annahmen, dass sie nur ihre eigenen waren, die bevorzugten Empfänger so großer Gaben sein sollten Pflicht zu tun.

Die Orgel wurde von Kapitän Scribner mitgebracht. Unmittelbar nach der Landung wurde es auf die Schultern einiger starker Männer gehoben und von ihnen den steilen Pfad hinauf getragen. Die schwere, aber kostbare Last wurde auch nicht abgesetzt, bis sie die kleine strohgedeckte Kirche erreichten, wo sie neben der Kirche abgelegt wurde Lesetisch. Alle Einwohner, alt und jung, versammelten sich, während Kapitän Scribner spielte: „Sollen wir uns am Fluss versammeln?" Jede Stimme stimmte in das Lied ein, und als es zu Ende war, wurde dem freundlichen Freund, der es gebracht hatte, und durch ihn auch den großzügigen Freunden, die das schöne Geschenk schickten, wiederholt gedankt. In vielen Augen standen Tränen, als die Menschen umherstanden und Zeuge der erheblichen Beweise der Freundlichkeit wurden, die sie erhielten. Für sie war es eine neue und sehr reizvolle Erfahrung, zum ersten Mal den Tönen eines perfekt gestimmten Instruments zuzuhören. Das einzige andere Exemplar dieser Art, mit dem sich die Insel rühmte, war ein altes Harmonium, das, mit schwachen Longen und verstimmt, vom Arzt der HMS *Petrel einer jungen Frau geschenkt worden war* , die gerade einen Tagesausflug auf der Insel machte Monate vorher. Das alte, schwache Instrument war zerlegt und vom darin angesammelten Müll und Staub befreit und auch sonst repariert worden, sodass es nun mit seinen wirklich süßen Tönen den jungen Leuten zum Üben ihrer ersten Unterrichtsstunden in Instrumentalmusik diente , was sie nicht langsam taten, ungeachtet der Tatsache, dass sie weder ein Buch noch einen Lehrer hatten, der ihnen helfen oder sie anleiten konnte. Und nun, als die neue Orgel eröffnet wurde, hatten alle, die es wünschten, die Befriedigung, ein paar Akkorde darauf auszuprobieren und die Kraft des Instruments zu genießen, ein so entzückendes Erlebnis, wie neu es war. Die Spender selbst hätten sich belohnt gefühlt, wenn sie gesehen hätten, wie viel Freude ihr schönes Geschenk bereitete, ein Geschenk, das von allen mit großer Wertschätzung gewürdigt wurde.

Unter den vielen und vielfältigen Geschenken, die aus San Francisco verschickt wurden, wurden die Bedürfnisse der Schule nicht vergessen, und es kam ein großer Vorrat an Schulbüchern – neue und alte Bücher und Bücher vom ersten bis zum fünften und sechsten Lesejahr. Dieser so großzügig befriedigte Mangel war einer der größten, den man je erlebt hatte, und sowohl die Kinder als auch die Lehrerin freuten sich über die Aussicht, ein Buch ganz für sich allein zu haben und nicht länger aus demselben Buch vorlesen zu müssen Schritt für Schritt. Die Veränderung war wirklich erfreulich, denn zuvor verfügte die Schule als bestes Lese-, Rechtschreib- und Grammatikexemplar über ein altes Exemplar von Lindley Murray, mit Ausnahme einiger antiquierter Exemplare des guten alten Mavor-Rechtschreibbuchs, das Eselsohren hatte und so buchstäblich abgenutzt war, dass es so war An manchen Stellen waren die Worte völlig verwischt und viele Blätter hatten sich durch Alter und Gebrauch gelöst und waren abgefallen. Dem einen ehrwürdigen Exemplar eines alten Geographiebuchs folgten zahlreiche weitere, die den Blick der Kinder auf eine Welt eröffneten, von der sie bis dahin nicht geträumt hatten.

Es würde zu viel Platz einnehmen, einen detaillierten Bericht über alles zu geben, was den Menschen geschickt wurde, und jeder Artikel wurde dankbar angenommen und sehr geschätzt. Wenn man die Taten großzügiger Güte aufzählt, die den Inselbewohnern von Zeit zu Zeit großzügig erwiesen wurden, sollte man nie vergessen, wie viel Dankbarkeit sie ihren Freunden sowohl in Valparaiso und Honolulu als auch in England schulden. Aber obwohl sie für die erwiesenen Gefälligkeiten dankbar waren, war der Gedanke, dass sie in ihrer besonderen Situation gezwungen waren, für einige der lebensnotwendigsten Dinge auf die Wohltätigkeit anderer angewiesen zu sein, nicht weniger demütigend. Walfangschiffe und Handelsschiffe, die früheren Quellen solcher Vorräte, kamen jetzt fast gar nicht mehr auf die Insel. Hätte es einen Weg gegeben, auf dem sie durch eigene Anstrengungen alles hätten beschaffen können, was sie für ihren Bedarf brauchten, hätten sie die notwendige Arbeit bereitwillig geleistet; aber ihre extrem isolierte Lage machte solche Anstrengungen fast unmöglich.

The linked image cannot be displayed. The file may have been moved, renamed, or deleted. Verify that the link points to the correct file and location.

KAPITEL XIX.

BESUCH von Konteradmiral de Horsey

Am frühen Sonntagmorgen des 8. September 1878 waren die Inselbewohner sehr überrascht, als sie im Norden der Insel ein britisches Kriegsschiff sahen. Als sich der Nebel und der leichte Regen, der das Schiff teilweise verdeckte, verzogen, sah man es in Richtung Land stehen, mit der offensichtlichen Absicht, mit dem Ufer zu kommunizieren. Das einzige Boot, das die Inselbewohner besaßen, wurde bald zu Wasser gelassen und machte sich auf den Weg zum Schiff. Nach einem kurzen Aufenthalt kehrte es in Begleitung anderer vom Schiff zurück; Dabei handelte es sich um die HMS *Shah* , das Flaggschiff des Admirals, der die Pazifikstation befehligte. Eine große Menschenmenge vom Schiff kam an Land, und als sie pünktlich zum Morgengottesdienst eintrafen, wurde das damals noch unvollendete Gemeindehaus, das zu dieser Zeit gebaut wurde, mit Sitzen ausgestattet, die aus Brettern bestanden, die über Kisten gelegt waren, um der Gemeinde, deren Zahl groß war, Platz zu bieten wurde durch die Hinzunahme der Besucher verdoppelt.

Der Kaplan des Schiffes, Rev. J. Reed, nahm an der Zeremonie teil. Die Menschen freuten sich sehr darüber, dass Admiral De Horsey und seine Offiziere an ihrem Gottesdienst und Gottesdienst teilnahmen, und wären gerne den ganzen Nachmittag geblieben, aber der Admiral wollte unbedingt am Abend desselben Tages abreisen Daher war ihr Aufenthalt zwangsläufig kurz. Später gab er jedoch freundlicherweise der Bitte nach, bis zum nächsten Tag zu bleiben, um den Menschen Gelegenheit zu geben, etwas Obst und andere Dinge für ihre Besucher zu besorgen, da sie der Meinung waren, dass sie sich dies am Sonntag nicht gewissenhaft leisten könnten. Nachdem er beschlossen hatte, seinen Aufenthalt zu verlängern, lud der Admiral alle Inselbewohner ein, am nächsten Morgen um acht Uhr an Bord zu kommen, sein Schiff zu besichtigen und dort zu frühstücken. Die meisten Menschen folgten der freundlichen Einladung und waren schon früh bereit für das erwartete Vergnügen. Der Tag begann ruhig und trüb, mit gelegentlichen leichten Regenschauern, die zwar die Kleidung durchnässten, die Stimmung der Schiffsbesucher jedoch nicht trübten. Das Frühstück wurde auf einem langen Tisch in der Kajüte gedeckt, und zur verabredeten Stunde setzte sich eine große Gesellschaft mit dem guten Admiral zusammen, um an dem üppigen Festmahl teilzunehmen, das er bestellt hatte.

Die freundlichen Menschen an Bord schienen in ihrem Bemühen, zu unterhalten und zufrieden zu stellen, miteinander zu wetteifern, indem sie ihren Besuchern ihr riesiges Zuhause auf dem Wasser und ihr Leben zeigten und sich auch über die offensichtliche Verwunderung und Bewunderung freuten, die ihre Gäste ihnen entgegenbrachten beobachteten die Rotation der mächtigen Motoren und auch die große Freude und das Interesse, die sie an allem zeigten, was sie um sich herum sahen. An Deck spielte die Kapelle, während in einem der Räume darunter einer der Offiziere am Klavier saß und Musik für die Gesellschaft bewundernder Zuhörer machte. Im Waffenraum hatte die Schar junger Offiziere die Schulkinder versammelt und überredete sie, einige ihrer Lieder und Freudenlieder zu singen, worauf sie im Gegenzug einige ihrer fröhlichen, lebhaften Lieder sangen. Die Stunden vergingen wie im Flug, und bald stiegen die Inselbewohner einer nach dem anderen die steilen Seiten des Schiffes hinab, um nach Hause zurückzukehren, nachdem sie ihren freundlichen Besuchern Lebewohl gewünscht hatten und eine lebhafte Erinnerung an die wunderbare Unterhaltung an Bord während des *Schahs mit sich führten* , mit ihren über achthundert Seelen, dampfte weiter und war bald außer Sichtweite.

Nachfolgend der Bericht von Konteradmiral de Horsey, Oberbefehlshaber der Pazifikstation, der bei der Admiralität einging:

„17. September 1878. Sir, ich bitte Sie, die Lords Commissioners of the Admirality darüber zu informieren, dass ich, da Pitcairn Island auf meinem Weg von Esquimalt nach Valparaiso lag und das Wetter günstig genug für eine Landung war, die Gelegenheit nutzte, um die Insel zu besuchen, um den Zustand der Einwohner zu ermitteln und auch um auf dieser langen Reise Erfrischungen zu bekommen. Nachdem wir Pitcairn am 8. d. M. bei Tagesanbruch gesichtet hatten, kamen wir um 8 Uhr morgens in Bounty Bay an UND blieben bis zum Mittag des folgenden Tages vor der Insel, als wir unsere Reise fortsetzten.

„Einige Einzelheiten über den gegenwärtigen Zustand dieser kleinen und fast unzugänglichen Insel, des einzigen Fleckchens britischen Territoriums im riesigen Dreieck zwischen Vancouver, Falkland und Fidschi, dürften für Ihre Lordschaften nicht uninteressant sein und sind deshalb Gegenstand dieses Briefes. Die Bevölkerung zählt gegenwärtig neunzig Menschen jeden Alters, davon einundvierzig Männer und neunundvierzig Frauen ... Aus der Generation, die den Meuternden unmittelbar folgte, gibt es nur eine Überlebende, nämlich Elizabeth Young, etwa achtundachtzig Jahre alt, Tochter von John Mills, dem Geschützmaat der *Bounty* , und einer otaheitischen Mutter.

„Der älteste Mann auf der Insel ist Thursday October Christian, Enkel von Fletcher Christian, Kapitänsmaat der *Bounty* . Die Bevölkerung besteht weiter aus 16 Männern, 19 Frauen, 25 Jungen und 30 Mädchen. Die Zahl der Todesfälle auf der Insel belief sich in den letzten neunzehn Jahren auf etwa zwölf, da keine ansteckenden Krankheiten die Insel befallen....

„Einige Medikamente, die 1869 mit der HMS *Reindeer aus Valparaiso geschickt wurden* , werden je nach Bedarf vom Pfarrer verabreicht. Pitcairn Island wird von einem ‚Magistrat und obersten Herrscher regiert, der Ihrer Majestät der Königin von Großbritannien untergeordnet ist‘, der nicht nur die Gesetze verwaltet, sondern auch erlässt. Es gibt zwei Ratsmitglieder, die den obersten Magistrat beraten und unterstützen, außerdem werden die ‚Familienoberhäupter‘ bei Bedarf zu Beratungen einberufen … Der oberste Magistrat wird jährlich am Neujahrstag gewählt und kann wiedergewählt werden. Personen beiderlei Geschlechts ab 17 Jahren haben Stimmrecht. Das Amt wird derzeit von Herrn James Russell McCoy besetzt, der auch Steuermann des einzigen Bootes auf der Insel ist … Der Gottesdienst findet jeden Sonntag um 10:30 UHR und um 15:00 UHR STATT … und wird streng in Übereinstimmung mit der Liturgie der Church of England von Herrn Simon Young, ihrem ausgewählten Pfarrer, der sehr geachtet ist, durchgeführt. Jeden Mittwoch findet eine Bibelstunde statt, an der alle teilnehmen können, die Zeit haben. Außerdem gibt es jeden ersten Freitag im Monat eine allgemeine Versammlung zum Gebet. In jedem Haus wird als erstes am Morgen und als letztes am Abend ein Familiengebet gesprochen, und es wird keine Mahlzeit eingenommen, ohne vorher und nachher um Gottes Segen zu bitten. Captain Beechy schrieb vor 53 Jahren: „Diese hervorragenden Menschen scheinen in perfekter Harmonie und Zufriedenheit zusammenzuleben, tugendhaft, religiös, fröhlich und gastfreundlich zu sein, Vorbilder ehelicher und väterlicher Zuneigung zu sein und sehr wenige Laster zu haben.“ Ich habe es gewagt, diese Worte zu zitieren, da sie bis heute wahr sind, da die Kinder in die Fußstapfen ihrer Eltern getreten sind.

„Die Sonntagsheiligung ist sehr streng; es wird nicht gearbeitet; aber dies geschieht nicht in pharisäischem Geist, wie sich bei unserem Besuch zeigte, der zufällig an einem Sonntag stattfand, als alles getan wurde, was mit der Vernachlässigung des Gottesdienstes vereinbar war, um uns mit Erfrischungen für die Mannschaft zu versorgen, wobei der oberste Beamte argumentierte, dass dies eine gute und notwendige Arbeit sei, da das Schiff nicht warten könne. Von den religiösen Eigenschaften dieser Inselbewohner kann niemand ohne tiefen Respekt sprechen. Ein Volk, dessen größtes Privileg und Vergnügen es ist, im Gebet mit seinem Gott zu kommunizieren und Lobgesänge anzustimmen, und das außerdem fröhlich, fleißig und wahrscheinlich freier von Laster ist als jede andere Gemeinschaft, braucht keinen Priester. Der Pfarrer erfüllt auch die Pflicht eines Schulmeisters, wobei ihm seine Tochter Rosalind Amelia Young zur Seite steht. Der Unterricht umfasst Lesen, Schreiben, Rechnen, Bibelgeschichte und Geographie. Den Mädchen wird auch Nähen und Hutmachen beigebracht, und die ganze Gruppe lernt sehr effektiv mehrstimmigen Gesang... Der Unterricht findet im Kirchenhaus statt, dessen eines Ende als Bibliothek genutzt wird, die allen offen steht. Englisch ist die einzige gesprochene oder bekannte Sprache. [Und eine Verfälschung derselben.]...

GRUPPE VON FRAUEN UND KINDERN.

„Die Bewohner der Pitcairninseln sind natürlich völlig auf ihre eigenen Ressourcen angewiesen. Sie bauen Süßkartoffeln, Yamswurzeln, Kochbananen usw. und früher reichlich Brotfrüchte an, aber diese sterben fast alle aus. Sie haben auch Bohnen, Karotten, Rüben, Kohl und ein wenig Mais, Ananas, Vanilleäpfel und jede Menge Orangen, Zitronen und Kokosnüsse. Kleidung wird ausschließlich von vorbeifahrenden Schiffen im Tausch gegen Erfrischungen erworben. Sie haben ein paar Schafe, Ziegen, Schweine, Hühner, Katzen und Hunde. Da es in der Regel einmal im Monat regnet, haben sie reichlich Wasser, obwohl sie in früheren Jahren zeitweise unter Dürre litten. Es werden keine alkoholischen Getränke, außer für medizinische Zwecke, verwendet und ein Trunkenbold ist unbekannt. Die Häuser sind gut belüftet und

für ihre einfachen Bedürfnisse ausreichend eingerichtet. Hier wachsen kaum Bäume, die sich als Nutzholz eignen. Die Männer beschäftigen sich hauptsächlich mit der Bodenbearbeitung, der Landwirtschaft, dem Hausbau, dem Kanufischen usw.; die Frauen beim Nähen, Hut- und Korbflechten (zusätzlich zu ihren anderen Hausarbeiten). Alle sind fleißig und bereit, bei Bedarf ihren Anteil an öffentlichen Arbeiten zu übernehmen. Dies führt derzeit zu einer Vergrößerung des Kirchengebäudes, um den Bedürfnissen einer wachsenden Bevölkerung gerecht zu werden.

„Die einzige Verbindung mit der Außenwelt besteht über vorbeifahrende Schiffe, im Durchschnitt vielleicht eines pro Monat, und hauptsächlich über solche, die von und nach Kalifornien fahren. Das ist jedoch gefährlich, da die meisten Schiffe in der Luvseite von Pitcairn anlegen und diejenigen, die die Insel sehen, häufig nicht kommunizieren können. Zum Zeitpunkt unseres Besuchs galt die Landung als gut, aber man musste auf eine ruhige Stelle achten und ein leichtes Boot benutzen. Sie haben keine Verbindung mit Otaheite und sehr selten mit Norfolk Island oder Neuseeland.

„Die notwendigen Artikel, die die Inselbewohner benötigen, zeigen sich am besten in jenen, die wir im Tausch gegen Erfrischungen zur Verfügung gestellt haben, nämlich Flanell, Serge, Drillich, Halbstiefel, Kämme, Tabak und Seife. Sie brauchen auch dringend Karten und Schiefertafeln für ihre Schule, und Werkzeuge aller Art sind sehr willkommen. Ich habe dafür gesorgt, dass sie aus den öffentlichen Läden mit einem Union Jack ausgestattet wurden, den sie bei der Ankunft der Schiffe zeigen konnten, und mit einer Grubensäge, die sie dringend brauchten. Ich hoffe, dass dies die Zustimmung ihrer Lordschaften finden wird. Wenn das freigebige Volk Englands nur die Bedürfnisse dieser höchst verdienstvollen kleinen Kolonie kennen würde, würde es nicht lange ohne Versorgung bleiben. Ich würde vorschlagen, dass alle Sendungswünsche an den Admiral dieser Station gerichtet werden, entweder in Coquimbo oder Vancouver Island. Wenn Waren mit privaten Schiffen verschickt werden, erreichen sie die Insel möglicherweise nie. In den letzten zwei Jahren oder so ereigneten sich zwei Schiffbrüche – das englische Schiff *Khandeish* auf Oeno Island und das englische Schiff *Cornwallis* auf Pitcairn Island. In beiden Fällen suchten die Besatzungen auf der Pitcairninsel Zuflucht, blieben dort sechs Wochen bzw. drei Tage und erhielten jede Hilfe, einschließlich Nahrung und Kleidung, aus den spärlichen Vorräten der Pitcairninselbewohner. Beim Untergang der *Cornwallis* verloren die Inselbewohner bei ihrer Hilfeleistung ihr einziges Boot, das sie selbst gebaut hatten, und damit ihre einzige Möglichkeit, mit vorbeifahrenden Schiffen zu kommunizieren....

„Ein Fremder, ein Amerikaner, hat sich auf der Insel niedergelassen – eine zweifelhafte Anschaffung. Einige der Inselbewohner haben den Wunsch geäußert, nach Norfolk Island zurückzukehren – ein nicht unnatürlicher Wunsch nach Veränderung –, aber der oberste Richter geht davon aus, dass wahrscheinlich keiner dorthin gehen wird. Auf meine Einladung hin besuchten die Inselbewohner den *Schah*. Nicht weniger als 68 von insgesamt 90 Männern, Frauen und Kindern kamen an Bord, ungeachtet der Schwierigkeiten beim Einschiffen sowie des Windes und Regens. Ihre ärmliche Kleidung war fast durchnässt, und viele waren seekrank, aber die Freude, an Bord eines der Kriegsschiffe ihres eigenen Landes zu gehen, überwog alle anderen Überlegungen und machte sie im Grunde glücklich.

„Abschließend schlage ich Ihren Lordschaften vor, dass es wünschenswert ist, dass jedes Jahr ein Kriegsschiff Pitcairn besucht, wenn der Dienst es zulässt, und ich schlage vor, dies während der verbleibenden Zeit meines Kommandos zu veranlassen. Ich behaupte auch, dass diese kleine Kolonie die Aufmerksamkeit und Ermutigung verdient, die die Regierung Ihrer Majestät für angemessen hält. Ich glaube, Ihre Majestät die Königin hat nirgendwo auf der Welt loyalere und liebevollere Untertanen als diese kleine Gruppe von Siedlern. Ich möchte hier anmerken, dass unter den Pitcairn-Insulanern die Meinung vorzuherrschen scheint, dass die Regierung Ihrer Majestät mit ihnen unzufrieden ist, weil sie von Norfolk Island zurückgekehrt sind (was sie, wie Ihren Lordschaften bekannt ist, in zwei Gruppen taten, die erste 1859 und die übrigen, glaube ich, 1864), obwohl ihre Rückkehr, glaube ich, auf eigene Kosten erfolgte und sie seitdem der Krone keine Last mehr sind. Diese Vorstellung, deren Ursprung mir unbekannt ist, war, wie ich zu behaupten wage, unbegründet, denn ich bin überzeugt, dass die Regierung Ihrer Majestät sie lieber dafür ehren würde, dass sie die primitive Einfachheit ihrer Heimatinsel den ausschweifenden Sitten der Otaheite oder sogar der zivilisierteren, aber weniger reinen und einfachen Lebensweise der Norfolkinsel vorziehen... Sie werden durch den Kontakt mit anderen Gemeinschaften eher verlieren als gewinnen.“

Ich habe usw., usw. AFR DE HORSEY ,

„ Konteradmiral und Oberbefehlshaber .“

Im Juli 1879, dem Jahr nach dem Besuch des *Schahs* , kam die HMS *Opal* und brachte eine wunderschöne Orgel amerikanischer Herstellung – Clough & Warren's – als Geschenk der Königin mit, nachdem Ihre Majestät den Betrag von 20 Pfund an Admiral de Horsey geschickt hatte zum Wohle der Pitcairn-Inselbewohner. Diesen Betrag gab er für den Kauf des oben genannten Geschenks aus, da er zu Recht dachte, dass das Geld nicht zufriedenstellender ausgegeben werden könne. Die Orgel ist mit einer herzförmigen Silberplatte verziert, die in der Mitte über der Tastatur angebracht ist und die Inschrift trägt: „Ein Geschenk Ihrer Majestät der Königin an ihre treuen und liebevollen Untertanen der Pitcairninseln in Anerkennung ihrer häuslichen Tugenden.“ Dieses Geschenk wurde mit verzeihlichem Stolz entgegengenommen, dass die Königin sich herablassen sollte, sich an die kleine isolierte Kolonie zu erinnern, sowie mit dem Gefühl wahrer Loyalität und Liebe zu ihrem Herrscher. Als der Kapitän der *Opal* sich an das Instrument setzte und ein paar Akkorde des Nationalliedes Großbritanniens anschlug, gab es keine Stimme, die nicht herzlich mitsang: „God save the Queen.“

Außer der Orgel zeigte sich das Ergebnis, das dem Appell des Admirals an das „freigebige Volk Englands" unmittelbar folgte, in den zahlreichen und vielfältigen substantiellen Geschenken, die im März 1880 auf der HMS *Osprey auf die Insel geschickt* wurden. Als der Bericht des Admirals über seinen Besuch in England veröffentlicht wurde, reagierten viele Freunde dort bereitwillig auf seinen Appell und es wurden sofort Spendengelder in die Wege geleitet. Der Vorsitzende des Komitees, das die Angelegenheiten leitete und die verschiedenen Spendengelder verwaltete, der Pfarrer Andrew AW Drew, ein Geistlicher der Church of England, setzte sich besonders für die Interessen der Inselbewohner ein. Er und seine Frau kümmerten sich persönlich um das Verpacken der vielen Kisten mit den Geschenken. Diese Aufgabe war äußerst mühsam, da die Kisten aufgrund des langen Transportweges mit größter Sorgfalt verpackt werden mussten. Jeder Artikel, der geschickt wurde, war vom Feinsten. Es kam auch eine große Lieferung Schulbücher und die dringend benötigten Schiefertafeln und Bleistifte, eine dankbar angenommene Ergänzung zu dem, was die guten Leute von San Francisco zuvor geliefert hatten. Besonders hervorzuheben ist das großzügige Geschenk einer Reihe von Oxford-Bibeln – Lehrerausgaben und andere. Jeder Sonntagsschullehrer erhielt eine Lehrerbibel, die entsprechend wertvoll war, und die glücklichen Besitzer hatten das Gefühl, dass ihnen die wertvollsten Geschenke gemacht wurden, die England schickte.

Auch das schöne und kostbare Geschenk von zwei Booten wurde entgegengenommen, und zwar mit einem Gefühl der Scham, dass den Inselbewohnern so viel Aufmerksamkeit und Güte zuteil wurde, deren Anteil am Empfangen den des „seligeren" Schenkens bei weitem übertraf. Eines der Boote wurde „Queen Victoria" genannt und trägt eine Inschrift, die besagt, dass es ein Geschenk in Anerkennung der „tapferen Dienste der Inselbewohner bei der Rettung von Menschenleben" war. Das andere Boot, ein Walfangboot, wurde „Admiral Drew" genannt, in Erinnerung an den Vater des oben erwähnten Reverend A. Drew. Mr. Drew hatte das letztere Boot streng nach seinen eigenen Anweisungen bauen lassen, und das schöne kleine Boot erfüllt seinen Zweck, für den es gedacht war, nämlich den Kampf gegen die schwere Brandung, die so häufig an die Küste schlägt, auf bewundernswerte Weise.

Soviel zur Reaktion der großzügigen Spender in England auf den Appell des Admirals. Man könnte jedoch ein ganzes Buch über die zahllosen Geschenke von Privatpersonen und anderen schreiben, mit denen die Menschen dieses abgelegenen Fleckchens Erde von Zeit zu Zeit überschüttet wurden. Geschenke, die mit Dankbarkeit angenommen wurden, vermischt mit einem Gefühl der Unwürdigkeit auf der einen Seite und der Abhängigkeit auf der anderen, wodurch die Empfänger die Wahrheit des Ausdrucks „Geben ist seliger als Nehmen" in ihrer ganzen Kraft erfahren konnten.

Zwei Jahre zuvor hatte eine Firma in Liverpool, De Wolfe & Co., versucht, auf der Insel ein Geschäft aufzubauen, das Baumwolle anbaut und züchtet, Kokosnüsse, Kerzennüsse und auch Pfeilwurz verarbeitet, um auf diese Weise ihre Grundbedürfnisse durch eigene Anstrengungen decken zu können. Aber die kleine Insel war zu weit von jedem Geschäftszentrum entfernt, um ein rentables Geschäft zu machen, und weniger als zwei Jahre nach dem Versuch wurde es aufgelöst.

KAPITEL XX.

FREUNDLICHE BESUCHE

Etwa Mitte des Jahres 1880 kamen sieben Jugendliche von der Norfolkinsel zu Besuch in das alte Haus ihrer Eltern. Zwischen den beiden Inseln herrschte kaum Kommunikation, so dass ihre Ankunft dadurch noch bereicherter wurde, dass sie alles über den Zustand der Insel und der Menschen erfuhren, die sie vor kurzem verlassen hatten.

Die Freunde der jungen Männer bemerkten überrascht, dass sie alle, mit einer Ausnahme, Sklaven der Tabaksucht waren, sowohl des Kauens als auch des Rauchens, denn keiner der Jugendlichen der Insel praktizierte dieses unreine Laster. Der Kapitän des Walfangschiffs, mit dem sie gekommen waren, war selbst ein völliger Abstinenzler, was Tabak und Spirituosen betraf, aber alle seine Bemühungen, die jungen Männer unter seinem Kommando zu reformieren, hatten trotz Beispiel und Lehre nicht den gewünschten Erfolg. Er war erfolgreicher, als er versuchte, die alten Männer der Insel zu reformieren, zumindest in einem Fall, wie der folgende Vorfall zeigen wird.

Bei einer Versammlung am Sonntagabend wandte sich der Kapitän an die sieben Tabakkonsumenten, darunter mindestens fünf, die ältesten Männer der Gemeinde. Er sprach sich sehr energisch gegen die schlechte Angewohnheit aus, der sie verfallen waren, und ihre schlimmen Folgen. Einige seiner Zuhörer waren für den Moment von seinen Appellen beeindruckt, und zwei von ihnen beschlossen beinahe, das Laster für immer aufzugeben. Sie respektierten ihren Möchtegern-Reformer genug, um in seiner Gegenwart nicht der Praxis nachzugeben. Am nächsten Morgen, als einer der Männer mit einer brennenden Pfeife im Mund die Straße entlangging, erspähte er den Kapitän ein paar Meter vor sich, der darauf wartete, ihm einen herzlichen Morgengruß zu überbringen. Ohne Rücksicht auf die Folgen nahm er aus Angst, entdeckt zu werden, schnell die erhitzte Tonpfeife von den Lippen und steckte sie in seine Tasche, die ebenso schnell durchbrannte. Obwohl er vor Schmerzen schmerzte, schüttelte er dem Kapitän tapfer die Hand und ging weiter, ohne zu wagen, seine Pfeife zu verraten, selbst auf die Gefahr hin, dass er leiden musste. Doch dies war der letzte Kampf, den er mit der Gewohnheit führen musste, denn von diesem Tag an hatte er sie aufgegeben und war frei, allerdings „wie durch Feuer".

Im selben Jahr, 1880, kam es in der Gemeinde zu einer ungewöhnlichen und sehr eigenartigen Heimsuchung, die nur die jüngeren Mitglieder betraf. Insgesamt waren elf oder zwölf junge Menschen davon betroffen. Die Krankheit, wenn man sie so nennen kann, war vorübergehender Wahnsinn, der am längsten andauerte und nicht länger als zwei Jahre dauerte. Das erste Symptom des Anfalls war eine seltsame Halluzination des Geistes, wobei die betroffene Person ein Objekt sah, das sie sehr erschreckte, oder Stimmen hörte, die nach ihr riefen, und dann allmählich jede Erinnerung an vergangene Ereignisse verlor, bis der Geist völlig leer war. Ein eigenartiges Merkmal der Krankheit war eine verzerrte Sicht, die jedes Objekt in etwas anderes verwandelte, als es war, so dass zum Beispiel ein erwachsener Mann oder eine erwachsene Frau wie ein Kind erschien, während ein bloßes Baby die vollen Proportionen eines Mannes annahm. In fast allen Fällen war der Patient ruhig und still; die Fähigkeit zu sprechen schien ihm genommen zu sein, während der leere Blick zeigte, dass der Geist die Kontrolle über sich selbst verloren hatte.

MÄDCHEN IM BADEKOSTÜM.

In einem Fall handelte es sich um einen Jugendlichen, der Schiffbruch erlitten hatte und dessen Aufenthalt auf der Insel verlängert wurde. Das war im Jahr 1881. Eines Morgens erklärte er, er habe in der Nacht den Sarg seiner Mutter aus dem Fenster über sich vorbeifahren sehen, und nichts könne ihn davon überzeugen, dass es sich um eine Täuschung handele. Wenige Stunden später nahm er nicht mehr wahr, was um ihn herum vorging, und im ersten Stadium der Krankheit war ihm die Fähigkeit zum Sprechen völlig entzogen. Als nach ein paar Tagen die Sprache wieder zurückkehrte, machte er sich daran, von Haus zu Haus nach einem angeblichen Freund zu suchen, der zu Unrecht zum Gefängnis verurteilt worden war und für dessen Freilassung er keine Mühen scheute. Einmal wanderte er in der Nacht auf die gegenüberliegende Seite der Insel, wo er von einer Gruppe gefunden wurde, die sich auf die Suche machte. Er schlief unter einem überhängenden Felsen und war in die Decke seines Pfadfinders gehüllt, da er sich in diesem Stadium seiner Verwirrtheit befand erklärte, er sei Davy Crockett, der auf Indianerjagd sei. Davy Crockett war nur einer der vielen verschiedenen Charaktere, die er in den verschiedenen Stadien der Krankheit verkörperte.

Die Krankheit durchlief viele verschiedene Phasen, wobei jeder Patient anders reagierte. Es gab nie eine befriedigende Erklärung für die Ursache, die sie hervorrief. Der oben erwähnte Fall mit der längsten Dauer betraf ein junges Mädchen, dessen Geist im April 1884 beeinträchtigt wurde und Anfang 1886 wiederhergestellt wurde. Seit dieser Zeit ist die eigenartige Krankheit nicht mehr aufgetreten.

Anfang 1881 verließen zwei junge Männer die Insel, um zum ersten Mal nach England zu reisen. Dort wurde ihnen jede Freundlichkeit zuteil, die man ihnen entgegenbringen konnte. Eines davon wurde jedoch fast unmittelbar nach der Landung als hochgeschätztes Exemplar der menschlichen Spezies für die Ausstellung im Westminster Aquarium gesichert. Völlig unwissend über die Absichten der Parteien, die ihn gewonnen hatten, stimmte er ihrem Vorschlag zu, sie zu begleiten, und sie rasten bald von Liverpool nach London, wo er ordnungsgemäß an seinem Platz im Aquarium untergebracht wurde und Werbung machte. „Isst er wie andere Menschen?" war eine der vielen Fragen, die ihn amüsierten, wie sie von einem der Zuschauer ernsthaft gestellt wurde. Ein barmherziger alter Kapitän war sehr empört darüber, dass er für das Privileg bezahlen musste, einen alten Bekannten zu sehen, den er zweimal in seiner fernen Inselheimat besucht hatte.

Aber er blieb nicht lange in seiner wenig beneidenswerten Position, denn Rev. AW Drew, ein Geistlicher der Church of England, erfuhr kaum vom Sachverhalt, als er sofort zu Hilfe kam. Er ließ den Besucher von der Pitcairn-Insel, dessen Gesundheit stark beeinträchtigt war, sofort in sein eigenes Haus bringen, wo er in seinen Stunden der Schwäche und des Leidens mit aller Aufmerksamkeit und Fürsorge, die Freundlichkeit und Liebe nur bieten konnten, versorgt und bedient wurde. Selbst als sein Leben fast zur Verzweiflung geriet, gaben der gute Geistliche und seine geschätzte Frau nie ihre Hoffnung und ihr Vertrauen auf Gott auf, dass Er die Bemühungen segnen würde, die unternommen wurden, um die Gesundheit ihres Gastes wiederherzustellen. Ihr Haus war für den Rest seines Aufenthalts sein Zuhause, und die unermüdliche Liebe und Fürsorge, die die vielen Freunde, die ihn besuchten, sowie der Geistliche und seine Familie zum Ausdruck brachten, hinterließen einen Eindruck in seinem Geist, der nie gelöscht werden konnte . Der andere Besucher teilte die gleiche Freundlichkeit und Aufmerksamkeit, die seinem Begleiter so großzügig entgegengebracht wurde, den würdigen Menschen von Hull, zu deren Hafen sein Schiff fuhr, und taten alles, was in ihrer Macht stand, für ihn, während er bei ihnen blieb. Bei ihrer Ankunft in San Francisco erlebten sie überall, wo sie hinkamen, die größten Gefälligkeiten, die Rücksichtnahme oder Freundschaft hervorrufen konnte.

Im Juni desselben Jahres reiste ein weiterer junger Mann von der Insel nach England. Die beiden vor ihm kehrten nach einem bzw. zwei Jahren Abwesenheit nach Hause zurück, doch der dritte, Richard Young, kam nie zurück und starb nach neun Jahren Abwesenheit in Oakland, Kalifornien.

In der Zwischenzeit war eine weitere Schiffbrüchigemannschaft der Gastfreundschaft der Inselbewohner überlassen worden. Das englische Schiff *Acadia* , das von San Francisco aus unterwegs war, strandete etwa einen Monat nach Verlassen dieses Hafens auf Ducie Island. Sobald man feststellte, dass das Schiff nicht mehr zu retten war, wurden Vorbereitungen getroffen, es aufzugeben. Die Besatzung konnte einen beträchtlichen Teil ihrer Kleidung retten, packte so viel Proviant wie sie sicher tragen konnte in ihre beiden Boote und segelte nach Pitcairn Island, wobei sie für einen Tag auf Elizabeth Island Halt machten. Beim Verlassen des Schiffes wurde einem von ihnen, dem Bootsmann, ein Pistolenschuss in den Körper versetzt, der glücklicherweise keine ernsten Folgen hatte.

Als sie Elizabeth Island verließen, ermöglichte ihnen der günstige Wind eine schnelle Überfahrt zu ihrem Zielort, und am Morgen des zweiten Tages freuten sich die Schiffbrüchigen über den Anblick der englischen Flagge, die auf dem hohen Gipfel über dem Landeplatz gehisst wurde. Wie zuvor wurden die Männer von den verschiedenen Familien zu zweit und zu dritt aufgenommen, bis sie Gelegenheit zur Abreise hatten. Dies geschah bald, und Kapitän George, der Erste Offizier, Mr. John Simpson und zwei oder drei der Jungs, die mit ihnen auf der *Acadia waren* , verließen das amerikanische Schiff *Edward O'Brien* nach England.

Es ist vielleicht nicht unangebracht, hier zu sagen, dass Kapitän George und Mr. Simpson, nachdem der Prozess, der sie erwartete, positiv ausgegangen war, jeweils einen Liegeplatz an Bord des Dampfers *Escambia akzeptierten* , wobei Ersterer die Position des Ersten Offiziers innehatte und Mr. Simpson eine Note tiefer. Die *Escambia* verließ London in Richtung China und fuhr von dort nach San Francisco, wo nach dem Beladen versucht wurde, in See zu stechen, bevor die Ladung ordnungsgemäß angepasst worden war. Diese unvorsichtige Tat endete katastrophal, denn das Schiff kenterte und sank innerhalb weniger Minuten. Die meisten an Bord gingen mit dem Schiff unter, und unter denen, die dabei umkamen, befanden sich auch der verstorbene Kapitän und der Maat der unglückseligen *Acadia* . Von der restlichen Besatzung, die auf der Insel zurückblieb, reisten drei mit dem amerikanischen Schiff *Alfred D. Snow nach England* , und später kehrte der Rest nach San Francisco zurück, mit Ausnahme von drei, die sich entschieden, auf der Insel zu bleiben und ein Jugendlicher, dessen Zuhause und Eltern in San Francisco waren, der aber zu Unrecht zurückgelassen worden war. Erst nach einem neunmonatigen Aufenthalt auf der Insel hatte er Gelegenheit, nach Hause zurückzukehren.

Zwei der Männer, die sich entschieden zu bleiben, heirateten nach einiger Zeit, und einer ließ sich auf der Insel nieder, während der andere nach einem dreijährigen Aufenthalt mit seiner Frau und seinen zwei kleinen Kindern in seine Heimat Wales zurückkehrte, wo seine Frau und Mutter weniger als ein Jahr später verstarben.

Der dritte, der Zimmermann des Schiffes, hatte ebenfalls beschlossen, dem Beispiel seiner beiden Schiffskameraden zu folgen, und es gelang ihm – nicht klug, aber allzu gut –, die Zuneigung eines Mädchens zu gewinnen, das bald einen der Inselbewohner heiraten sollte. Doch die unglückliche Verbindung endete unglücklich, denn einige Verwandte der jungen Frau, empört über die Wendung der Dinge, machten sich daran, die Sache nach ihrem Ermessen in Ordnung zu bringen, und gewannen die Sympathie des Richters zu ihren Gunsten. Bald bot sich ihm die Gelegenheit, aus einer eingebildeten Beleidigung seiner selbst den Engländer zu befehlen, die Insel zu verlassen. Die an sich ungerechte Tat wurde ausgeführt, und er verließ die Insel im Juli 1882 auf dem britischen Kriegsschiff *Sappho*. Kapitän Clark von der *Sappho* verbarg seine Meinung über die ganze Angelegenheit nicht, sondern erklärte offen die Ungerechtigkeit der Tat. Er kam jedoch dem nachdrücklich geäußerten Wunsch des Richters nach, nahm den Zimmermann an Bord seines Schiffes auf und verschaffte ihm eine Überfahrt nach Honolulu, wo er eine passende Anstellung fand.

In Briefen, die er von ihm erhielt, verurteilte er bitter und schonungslos alle, die an dem unwürdigen Streit beteiligt waren, der mit seiner Vertreibung endete. Vor seiner Abreise erließ Kapitän Clark auf besonderen Wunsch ein Gesetz, das von nun an die Heirat eines Fremden mit einem der Inselbewohner mit der Absicht, sich unter ihnen niederzulassen, verbot. Es wurden mehrere Gründe für ein solches Gesetz genannt, der wichtigste war, dass die Bevölkerung ohne Zuwachs von außen ziemlich schnell zunahm. Das Gesetz wurde später durch eine Klausel ergänzt, die besagte, dass jeder, dessen Aufenthalt der Insel nützen könnte, sich dort niederlassen dürfe. Da die Insel jedoch für niemanden außerhalb ihrer eigenen Einwohner einen wünschenswerten Wohnort bot, bestand keine Gefahr eines

Bevölkerungszuwachses durch Außenstehende, und das Gesetz hätte so bleiben können, wie es ursprünglich geschrieben wurde.

KAPITEL XXI.

Das Wrack der OREGON

ZWEI JAHRE waren vergangen, nachdem die Besatzung der *Acadia* einen Zufluchtsort auf der Insel Pitcairn gefunden hatte, als eines Nachts, am 23. August 1883, die Inselbewohner sich gerade auf den Weg zur Ruhe machen wollten und durch Schreie und das Wehen eines Nebels aufgeschreckt wurden Horn von über dem Wasser. Es war offensichtlich, dass irgendwo in der Nähe ein weiterer Schiffbruch stattgefunden hatte, und die Männer versammelten sich hastig, machten sich mit Laternen auf den Weg in die Nacht und waren bald am Landeplatz. Nachdem sie ein Boot zu Wasser gelassen hatten, gelangten sie in wenigen Minuten raschen Ziehens zum Ziel ihrer Suche. Es stellte sich heraus, dass es sich um ein Boot der Bark *Oregon* handelte , das heute ein Wrack an den Riffen von Oeno ist. Sie war etwa einen Monat von Oregon auf dem Weg nach Chile gewesen, als sie auf die Riffe stieß, die die tief liegende Insel Oeno umgaben. Die gesamte Besatzung sowie drei Passagiere, eine verwitwete Frau und ihre beiden kleinen Jungen, landeten sicher auf der Insel Oeno. Die Position des Schiffes war nach dem Aufprall so, dass die Besatzung alles entfernen konnte, was sie wollte, so dass sie sich während ihres erzwungenen Aufenthalts bequem niederlassen konnte.

Als alles so angenehm wie möglich gestaltet war, beschlossen der Kapitän, mit Namen Hardy, und sein Gefährte, Mr. Walker, nach gemeinsamer Beratung, dass der Kapitän ihr kleines Boot nehmen und eine Passage durch die starke Brandung suchen sollte, die ständig brach auf dem die Lagune umgebenden Riff, und sollte es ihm gelingen, es sicher zu schaffen, sollten die übrigen in den beiden anderen Booten mit so vielen Gütern folgen, wie sie vernünftigerweise transportieren konnten. Kapitän Hardy verließ in Begleitung eines der Matrosen und des Kochs das Ufer. Gerade als das Boot das glatte Wasser der Lagune hinter sich gelassen und in die Brandung geraten war, kenterte es und der arme Kapitän ertrank. Das Boot des Steuermanns, das fast direkt folgte, passierte sicher die rollende Brandung, und im Vorbeifahren wurden die beiden Männer gerettet, die sich an dem umgedrehten Boot festklammerten. Mit dieser Verstärkung seiner Mannschaft steuerte der Maat sofort in Richtung der Pitcairn-Insel, ohne den Hinterbliebenen das Schicksal des Kapitäns mitzuteilen. Da das Wetter schön und der Wind günstig war, erreichten sie bereits in der zweiten Nacht ihren Zielort.

Die meisten Männer im Boot des Steuermanns waren Chilenen und konnten kaum ein Wort der englischen Sprache sprechen. Alle wurden empfangen und untergebracht, ein stillgelegtes kleines Gebäude wurde für ihre

Unterbringung hergerichtet, und nach einer Ruhezeit von zwei Nächten und einem Tag nahm Herr Walker, seine eigenen Männer zurücklassend, eine Besatzung der Inselbewohner und kehrte nach Oeno zurück Durchsuchung der restlichen Schiffsbesatzung. Aber diese hatten seine Rückkehr nicht abgewartet, denn nachdem sie nach dem vergeblichen Versuch des Kapitäns, eine Überfahrt zu erzwingen, kein Wort darüber verloren hatten, was geschehen war, hatten sie ihr großes Boot zu Wasser gelassen und die Koffer der Dame, Mrs., hineingelegt Collyer, die sie mit ihren Kindern begleitete, folgte auch dem Weg, den die anderen eingeschlagen hatten. Ein großer irischer Seemann übernahm das Kommando über das Boot und hatte einige Schwierigkeiten, die übrigen Männer, die bei ihm waren, unter Kontrolle zu bringen, und die sicherlich keine Neigung zeigten, seinen Befehlen bereitwillig zu gehorchen. Obwohl er über nur sehr begrenzte Kenntnisse in der Navigationskunst verfügte, kam ihr Boot unter der Führung einer barmherzigen Vorsehung gut an, und am Tag nachdem der Steuermann gegangen war, war die Mannschaft aus müden Männern, die fast die ganze Zeit gerudert hatte, gegangen Ferne betrachten, mit einem Gefühl wahrer Dankbarkeit, dem Anblick von Land und der Aussicht auf Ruhe. Auch die arme Frau war vor Angst erschöpft, und die Fürsorge und Aufmerksamkeit, die ihr bei ihrer Ankunft inmitten von Freunden entgegengebracht wurde, war äußerst erfreulich.

Sie hatte eine traurige Erfahrung gemacht. Ihr Mann, der Reverend JW Collyer, der in Chile gewirkt hatte, wollte aus gesundheitlichen Gründen seine Mutter in die Vereinigten Staaten besuchen und hatte für sich und seine Familie eine Überfahrt auf dem Schiff *Oregon* in den gleichnamigen Staat gebucht. Nur wenige Tage von der südamerikanischen Küste entfernt verschlimmerte sich seine Krankheit plötzlich, und er starb unerwartet und mit nur wenigen Minuten Vorwarnung. Er hinterließ seiner Frau, die fast untröstlich war, kein einziges Wort, um sie zu trösten und aufzumuntern. Sie musste den weiteren Schmerz einer Seebestattung ertragen und trat als Witwe unter Fremden die Reise nach Oregon an. Sie war gerade auf dem Weg zurück zum Haus ihres Vaters in Lola, Chile, als das unerwartete Unglück geschah und ihr die Hoffnung nahm, ihre Familie und Freunde bald wiederzusehen. Ihr Aufenthalt auf der Insel war jedoch nur von kurzer Dauer, denn bevor Mr. Walker von Oeno zurückkehrte, waren alle wieder an Bord des britischen Schiffs „*Leicester Castle*" unter dem Kommando von Kapitän Boag gekommen, das auf dem Weg nach San Francisco war.

Bei seiner Ankunft in Oeno bestand Mr. Walkers erste Aufgabe darin, die Schmuckschatulle der Dame zu sichern, die er mit eifersüchtiger Sorgfalt bewachte, kam aber in Pitcairn nur eine Stunde zu spät an, um die Schatulle in die eigenen Hände der Dame zu übergeben, wie es das *Leicester Castle* tun würde Als das Boot des Maats auftauchte, segelten sie los, da die

Inselbewohner alles, was sie entbehren konnten, aus ihrem eigenen dürftigen Proviantvorrat zur Verfügung gestellt hatten, um den hohen Anforderungen gerecht zu werden, die durch die Hinzufügung einer ganzen Besatzung schiffbrüchiger Männer an die Vorräte des *Leicester Castles gestellt wurden*. Nach einer langen und ermüdenden Überfahrt erreichte Kapitän Boag schließlich den Hafen, wo die Besatzung der verstorbenen *Oregon* eilig entlassen wurde. Auch Frau Collyer machte sich fast sofort auf den Weg nach Hause, wo sie rechtzeitig sicher ankam und ihre Kiste mit Schätzen sie nach einigen Monaten Verspätung erreichte. Bei seiner Ankunft in England hatte Kapitän Boag einige Unannehmlichkeiten, weil er so viele der Schiffbrüchigen an Bord seines Schiffes genommen hatte und so stark auf seine eigenen begrenzten Mittel zurückgreifen musste, um ihren Bedarf zu decken.

Am 6. November starb der letzte Überlebende der Generation, die den Meuterern unmittelbar folgte. Elizabeth Young, *geborene* Mills, deren erster Ehemann ein Sohn des Meuterers Quintall war, starb im reifen Alter von 93 Jahren. Ihr Kampf mit dem letzten Feind zog sich hin, als wäre das Leben so schwer aufzugeben. Solange sie noch sprechen konnte, schien sie die Tage noch einmal zu erleben, als sie als Kind von John Adams unterrichtet wurde, und während sie sich in ihrem Bett hin und her wälzte und in ihren ruhigeren Momenten, hörte sie nie auf, das Gebet zu wiederholen, das John Adams seine jugendliche Herde vor dem Zubettgehen zu wiederholen lehrte: „Ich werde mich in Frieden hinlegen und ausruhen, denn nur Du, Herr, lässt mich in Sicherheit wohnen. In Deine Hände lege ich meinen Körper, meine Seele und meinen Geist. Du hast mich erlöst, oh Herr, du Gott der Wahrheit." Im zweiten Jahr nach dem Tod der alten Elizabeth Young – die von allen „Ma-Ma" genannt wurde – gab es mehr Todesfälle als in jedem anderen Jahr zuvor, seit die Insel wieder besiedelt wurde. Allein im Jahr 1885 gab es in der Gemeinde vier Todesfälle.

KAPITEL XXII.

ANKUNFT VON HERRN JOHN I. TAY

Aufgrund der äußerst isolierten Lage der Pitcairninsel und der Unsicherheit, die mit jedem Versuch einhergeht, sie wieder zu erreichen, wenn man sich über ihre engen Grenzen hinauswagt, waren die Inselbewohner bis jetzt, mit sehr wenigen Ausnahmen, zufrieden damit gewesen, ihr ganzes Leben zusammen zu verbringen, anstatt das Risiko einzugehen, ihre einsame Heimatinsel zu verlassen, ohne zu wissen, wann sie sie wiedersehen würden. In einem Zeitraum von 27 Jahren hatten nur fünf die Insel verlassen, um andere Orte zu besuchen, alles Männer; aber im Januar 1886 verließ zum ersten Mal eine Inselfrau ihr Zuhause und ihre Familie, um in einem fernen Land ein neues Leben zu beginnen. Die Szenen früherer Jahre, die liebevollen Eltern und Brüder und Schwestern und das alte Leben mit einfachen Pflichten und Freuden für immer hinter sich zu lassen, um ein neues und unerprobtes – ja, kaum erträumtes – Leben zu beginnen, erforderte großen Mut. Diesen zeigte sie, geleitet von ihrem hohen Pflichtgefühl gegenüber ihrem Ehemann, der nach einem Aufenthalt von fünfeinhalb Jahren im Begriff war, in sein Heimatland zurückzukehren.

Der Schmerz des Abschieds von ihren Eltern, deren zärtliche Liebe ihr ganzes Leben lang gewacht hatte, und von Brüdern, Schwestern und Freunden, die sie schätzten und ihre Liebe und Freundschaft schätzten, wurde tapfer ertragen. Ihnen wurde nur kurze Zeit, weniger als ein Tag, gelassen, um sich auf ihre Abreise vorzubereiten, und als die Stunde des Abschieds kam, glich die Prozession, die ihnen zum Landeplatz folgte, einer Beerdigung, da alle wussten, dass die Trennung geschah wäre endgültig. Weniger als ein Jahr nach ihrer Ankunft in ihrer neuen Heimat verstarb sie. Der kalte Winter in einem fremden Land erwies sich als zu streng für eine stets empfindliche Verfassung.

Im Oktober desselben Jahres, am 18. Tag des Monats 1886, kam das britische Kriegsschiff *Pelican an* , dessen Kapitän in Tahiti einen amerikanischen Missionar namens John I. Tay, Mitglied der christlichen Gemeinschaft der Siebenten-Tags-Adventisten, höflich und freundlich an Bord aufgenommen hatte. Da er die Pitcairninseln erreichen wollte, um den Menschen Wahrheiten nahezubringen, die ihnen seiner Meinung nach bislang unbekannt waren, fand er, wie bereits erwähnt, Platz an Bord der *Pelican* . Alle Offiziere und Mannschaften behandelten ihn mit größter Rücksicht und Höflichkeit, und während der Überfahrt gelang es ihm, bei einigen Schiffsbesatzungen ausreichend Interesse zu wecken, um sie dazu zu bewegen, die in den Büchern, die sie von ihm erhielten, behandelten Themen näher zu untersuchen und zu erforschen.

HATTIE ANDRES KLASSE.

Da das Volk keine Einwände gegen die Frage erhob, ob der Missionar bleiben dürfe, wurde er auf der Insel zurückgelassen, als der *Pelikan* verschwand. Zehn Jahre zuvor war ein großes Paket mit Veröffentlichungen der Siebenten-Tags-Adventisten auf die Insel geschickt worden, begleitet von Briefen von zwei der führenden Geistlichen dieser Gemeinschaft, den Ältesten James White und JN Loughborough, in denen die Menschen eindringlich zu einer ehrlichen und sorgfältigen Lektüre aufgefordert wurden zu dem, was ihnen geschickt worden war. Die Briefe wurden gelesen, aber die Flugblätter und Traktate wurden mit Argwohn betrachtet und ihr Inhalt zunächst sehr vorsichtig untersucht.

Weitere Studien weckten tieferes Interesse, bis vier Fünftel der Menschen zu der Überzeugung gelangten, dass die Aussagen über den Sabbat, die durch eine Reihe von Beweisen aus der Bibel selbst unterstützt wurden, zu überzeugend waren, um sie länger zu leugnen. Doch bis zur Ankunft von Herrn Tay gab niemand die Sonntagsheiligung auf und akzeptierte den siebten Tag als Sabbat. Dies geschah in der zweiten Woche des Aufenthalts des Missionars, und bevor Herr Tay abreiste, hielt die ganze Gemeinde den siebten Tag als Sabbat des Herrn ein und glaubte fest daran.

Eine sorgfältige Untersuchung der verschiedenen Lehrpunkte der Siebenten-Tags-Adventisten führte zunächst dazu, dass die Menschen davon überzeugt waren, dass ihre Standpunkte richtig waren, und schließlich dazu, dass sie diese akzeptierten, obwohl sie der Meinung waren, dass dies eine Frage sein würde Viele, die bisher ihr großes Interesse an der Insel Pitcairn und ihren Menschen zum Ausdruck gebracht und deutlich zum Ausdruck gebracht hatten, drückten Bedauern, wenn nicht sogar Unmut aus. Obwohl es für die Inselbewohner traurig war, darüber nachzudenken, hatten sie doch das Gefühl, dass sie nichts anderes tun konnten, als ihrer Überzeugung von der Pflicht zu folgen.

Nach der Abreise von Herrn Tay, der in der letzten Novemberwoche 1886 abreiste, kam es zu Meinungsverschiedenheiten hinsichtlich der Art der Anbetung, und im Interesse der Harmonie und der christlichen Einheit wurde eine Versammlung einberufen, um die Angelegenheit zu besprechen und zu erwägen und einen Gottesdienstplan zu beschließen, an dem sich alle vereinen konnten. Dies geschah im März 1887, und das Ergebnis der Versammlung war, dass das Book of Common Prayer beiseite gelegt wurde.

Ein Jahr lang hatten die Inselbewohner den siebten Tag als Sabbat begangen, und sie waren sich nicht sicher, wie diese Änderung von den Vertretern der britischen Regierung, unter deren Schutz sie standen, aufgenommen werden würde, wenn ein Kriegsschiff eintreffen würde. Daher war man ziemlich beunruhigt, als im Dezember 1887 die HMS *Cormorant* ankam. Es war Sonntag, und die Besucher, die bemerkten, dass dieser Tag nicht als heiliger Tag galt, waren neugierig und wollten den Grund dafür erfahren. Eine Frage folgte der anderen, bis die ganze Geschichte erzählt war. Wie die Änderung aufgenommen wurde, gibt vielleicht der folgende Auszug aus einer englischen Zeitschrift, der von einem der Herren an Bord der *Cormorant geschrieben wurde*, am besten wieder. Nach einer kurzen Beschreibung der Insel und ihrer Besiedlung fährt der Autor fort:

„Es wird daher für viele, die sich für die kleine Gemeinschaft interessieren, eine Frage des Bedauerns sein, wenn sie hören, dass ihre Prinzipien in den letzten ein oder zwei Jahren eine Revolution erlebt haben und dass sie sich den Siebenten-Tags-Adventisten angeschlossen haben — a Sekte mit Ursprung in den Vereinigten Staaten. Mit natürlicher Überraschung hörte ich von dieser Änderung und stellte im Verlauf des Gesprächs fest, dass der Grund dafür der Besuch eines Adventmissionars auf der Insel war, der einige *Wochen dort blieb* und den Inselbewohnern die Lehren seiner Sekte einprägte. Er hätte keinen besseren Boden finden können, um seinen zweifelhaften Samen zu säen. Die einfachen Inselbewohner waren sehr ernsthaft und lernbegierig, bedingungslose Gläubige und Verehrer der Bibel und wussten nichts von Sophistik und den Feinheiten biblischer Schlussfolgerungen. Sie hörten aufmerksam den Argumenten ihres fanatischen Besuchers zu, der, indem er die Bibel als seinen Standpunkt nahm, bald überzeugte Sie von der Richtigkeit seiner Ansichten ... Die Insel wurde mit Literatur der Siebenten-

Tags-Adventisten überschwemmt, die aus dem Hauptquartier der Sekte in Michigan stammte, und die Inselbewohner waren erfüllt von der Begeisterung der Konvertiten bei der Verfolgung ihres neuen Glaubens. ”

Der Artikel, dem der obige Auszug entnommen wurde, schließt mit einer sehr erfreulichen Beschreibung der Gefühle des Autors, wenn er morgens aufwacht und die Stimmen des Lobes und der Gebete von mehr als einem Familienaltar aufsteigen hört, ein Brauch, der von John Adams, dem bekehrten Meuterer, eingeführt wurde und bis heute fortgeführt wird.

Der Besuch des *Kormorans* wird immer zu den schönen und angenehmen Erinnerungen der Insel gehören, obwohl er nur zwei Tage blieb. Am ersten Tag wurden alle Jugendlichen und Kinder sowie viele Erwachsene einer leichten Impfung unterzogen. Die Tat war an sich recht einfach, aber das verwendete Virus war so stark, dass viele derjenigen, die zum ersten Mal geimpft worden waren, mehrere Tage lang völlig erschöpft waren und starke Kopfschmerzen und stechende Schmerzen im ganzen Körper hatten. In vielen Fällen zeigten die Wunden eine starke Abneigung gegen Heilung und der Eiterfluss war so groß, dass bis zum Abschluss des langwierigen Heilungsprozesses ständig Verbände angelegt werden mussten.

Kapitän Nicolls lud alle, die dies wünschten, ein, sein Schiff zu besuchen und eine angenehme Unterhaltung an Bord zu genießen. Der hintere Teil des Decks war für die Unterhaltung vorbereitet worden, und von Seite zu Seite des Schiffes war eine große Ausstellung von Flaggen zu sehen, die hübsch geschmückt waren, um eine Trennwand zu bilden. Der Kapitän saß an einem großen Klavier, während an seiner Seite einer seiner Offiziere stand und auf der Geige begleitete, ein Instrument, das einen großen Teil zur Musik beitrug, wobei zwei oder drei weitere Instrumente von ebenso vielen Schiffsbesatzungen gekonnt gespielt wurden. Der laute Jubel, der jede neue Darbietung begrüßte, war an Land zu hören, und als der erste Stern des Abends erschien, sangen die Inselbewohner ihr Schlussstück „Twilight Is Stealing over the Sea“. Dann erhoben sich alle, um den Abend mit dem Singen von „God Save the Queen“ zu beenden, woraufhin die Inselboote mit ihrer menschlichen Fracht nach Hause fuhren und die *Cormorant* zu ihrem Ziel dampfte und sich mit ihrem Sirenenpfiff verabschiedete.

KAPITEL XXIII.

Das Missionsschiff Pitcairn

IM Januar 1889 ereignete sich einer der traurigsten Unfälle, die sich jemals auf der Insel ereigneten. Ein junger Mann von vierundzwanzig Jahren machte sich eines Tages auf die Suche zwischen den Felsen nach jungen Seevögeln. Er wurde von zwei seiner jüngeren Brüder begleitet, die ein Seil hielten, während er zu einer sehr gefährlichen Stelle in den Felsen hinabstieg. Seine Brüder drängten ihn vergeblich, nicht zu gehen, doch alle Überredungskünste halfen ihm nicht, und er verfolgte sein Ziel. Er hatte ein paar Vögel gefangen und wollte gerade versuchen, ein paar Meter über sich in einer kleinen Felsmulde einen weiteren zu landen, als er den Halt verlor und mehrere hundert Fuß in das erbarmungslose Meer darunter stürzte. Atemlos vor Eile und blass vor Entsetzen kamen die beiden anderen Jungen zurück, um die schreckliche Geschichte zu erzählen, was geschehen war. Das Entsetzen, das alle empfanden, war groß, und die durchdringenden Schreie der Mutter und der Frau des jungen Mannes hallten durch die Luft, als sie zum Ort des schrecklichen Unfalls rannten. In kürzester Zeit wurde ein Boot bemannt und mit äußerster Kraft an die Stelle gezogen, an der der Körper des jungen Mannes ins Wasser fiel. Doch aus der Suche wurde nichts, obwohl sie tagelang andauerte. Alles, was jemals gefunden wurde, war ein Hut, der ihm gehörte und der weit von der Stelle, an der er gefallen war, geschwebt hatte.

Gegen Mitte desselben Jahres kam es zu einer Aufregung ganz anderer Art. Als der *Kormoran* im Jahr 1887, dem Jahr des Thronjubiläums der Königin, die Insel besuchte, erkundigten sich der Kapitän und die Offiziere, ob die kleine Gemeinde etwas zur Feier dieses Ereignisses beigetragen habe. Als die Antwort verneinte, sagten sie, dass die Königin ein Geschenk anerkennen würde, egal wie klein es sei. Auf diese Weise ermutigt, wurde so schnell wie möglich eine Kiste mit einigen Exemplaren der Handarbeit des Volkes aufgestellt und an den Herrscher geschickt.

Ihre Majestät freute sich sehr über den bescheidenen Beweis ihrer Loyalität und Liebe und sandte eine Danksagung, begleitet von einer Schenkung der anlässlich ihres Jubiläums geprägten Münzen, deren Wert zwischen einem Sechs-Penny-Stück und vier Schilling-Stücken variierte. Diese sollten unter den Frauen und Mädchen verteilt werden, und Kapitän Nicolls von der *Cormorant* hatte bei seinem zweiten Besuch die angenehme Pflicht, das Geschenk zu verteilen, auf dessen Erhalt die Empfänger stolz waren und das sie im Gedenken an ihre geliebte Königin aufbewahrten. Die Zeremonie über dem *Kormoran* wurde abgebrochen, aber bevor die Rückreise zur Hälfte beendet war, erkrankte Kapitän Nicolls in Rio Janeiro an Gelbfieber und starb. Er wurde auf See begraben.

Nun begann ein neues Jahrzehnt, und im ersten Monat des Jahres 1890 feierten die Menschen am dreiundzwanzigsten Tag den 100. Jahrestag seit der Ankunft der *Bounty* auf der Insel. In derselben Zeitspanne, in der die Nationen der Erde den erstaunlichen Vormarsch des Fortschritts und der fortgeschrittenen Zivilisation erlebt hatten, veränderte sich in dieser kleinen Welt, die für sich inmitten des riesigen Ozeans lag, kaum. Dennoch hatten die Menschen das Gefühl, dass Gott sie den ganzen Weg geführt hatte, und sie trafen sich in der Kirche, um zu Beginn des Tages einen Lobpreisgottesdienst abzuhalten, bei dem sie Gott für seine Barmherzigkeit in der Vergangenheit dankten und ihn um zukünftige Gnade beteten. Es folgt eine Hymne, die zu diesem Anlass komponiert und gesungen wurde:

Unser Vater, Gott, wir kommen, um aufzuerstehen

Unsere Lieder zu Dir in dankbarem Lob;

Wir kommen, um deine führende Hand zu singen,

Durch die Unterstützung stehen wir immer noch.

In dieses schöne Land strebten unsere Väter

Um dem Schicksal zu entfliehen, das ihre Sünden mit sich brachten,

Vergeblich - weder Frieden noch Ruhe wurde gefunden,

Denn der unheilige Boden war von Streit beherrscht.

Dunkelheit breitete sich um ihren Weg aus;

Ihre Verbrechen verdienten die Furcht vor Rache;

Als, siehe! ein Strahl der Hoffnung

Um ihre irrenden Füße in den Himmel zu führen.

Dein heiliges Wort, ein Leuchtfeuer,

Hatte die Schatten der dunklen Nacht der Sünde durchdrungen,

Und eine Flut von Strahlen ergoss sich dort

Es herrschte die Düsternis dumpfer Verzweiflung.

Wir besitzen die Tiefen der Sünde und der Schande,

Von Schuld und Verbrechen, aus denen wir kamen;

Deine Hand rettete uns vor der Verzweiflung,

Sonst wären wir dort in der Dunkelheit versunken.

Wir, ihre Nachkommen, sind heute hier

Treffen Sie sich in Ihrem Haus, um zu loben und zu beten,

Und bitte um deinen Segen, dabei zu sein

Und führe uns zum Ende der Lebensreise.

Oh, dass unser Leben von nun an sein möge

Geweihter, Herr, dir!

Deine grenzenlose Gunst erwies sich uns

Mit Dankbarkeit besitzen wir demütig.

Du kennst die Tiefen, aus denen wir kamen;

Begeistere jedes Herz, löse jede Zunge,

Dass sich alle unsere Kräfte zum Segen vereinen

Der Herr, unsere Stärke und Gerechtigkeit.

Anfang des Jahres 1890 kam die Nachricht, dass der vielbesprochene Missionsschoner gebaut worden war und bald zu seiner Mission zu den Pazifikinseln aufbrechen würde; aber erst am 25. November desselben Jahres kam er an und machte Pitcairn Island zu seinem ersten Zwischenstopp. Die Missionare, die Ältesten Gates und Read und ihre Frauen sowie Herr und Frau Tay, wurden freudig begrüßt. Nach einer kurzen Ruhepause begannen sie mit der Organisation der Kirche und der Sonntagsschule. Die Taufe wurde vollzogen, wobei alle erwachsenen Mitglieder der Gemeinde in die Kirche aufgenommen wurden. Diesem feierlichen und eindrucksvollen Gottesdienst wohnten die Menschen zum ersten Mal bei, die bis dahin nur das Besprenkeln der Gesichter von Säuglingen mit Wasser gesehen und gekannt hatten.

Als der *Pitcairn*, wie das Schiff genannt wurde, die Insel verließ, machten sich drei der Inselbewohner auf den Weg, um an anderen Orten zu arbeiten. Bei ihrer Rückkehr im Juli 1892 wurden zwei ihrer Kompanie vermisst. Herr Tay, dessen Name so eng mit dem Schiff und auch mit der Insel verbunden war,

war in Suva auf Fidschi gestorben, und der Kapitän, Herr Marsh, war der Grippe zum Opfer gefallen und in Auckland, New, gestorben Seeland.

Elder Gates und seine Frau blieben auf der Insel, während die *Pitcairn* nach Kalifornien zurückkehrten. Man kann gar nicht genug über die guten Dinge sagen, die ihr Aufenthalt bewirkt hat. Obwohl der Herr körperlich nicht stark war, unternahm er jede Anstrengung, die Menschen zu erziehen, die aufgrund ihrer isolierten Lage natürlich sehr enge und beschränkte Ansichten vom Leben hatten. So bald wie möglich richtete er einen Kurs ein, den alle jungen Leute besuchten, und um ihnen weiter zu helfen, gründete er eine literarische Gesellschaft mit über vierzig Mitgliedern, an der jedes Mitglied teilnahm und die, solange sie bestand, viel Freude bereitete.

Vier Monate nach seiner Ankunft begann er eine Zeitung mit dem Namen „*Monthly Pitcairnian*", zu deren *schriftlichen* Seiten alle eingeladen waren, beizutragen. Die Zeitung verfügte über einen eigenen Reporterstab, sechs an der Zahl, der es fast ausnahmslos versäumte, Nachrichten einzusenden; Dennoch waren die Seiten immer voll. Da war zunächst die Eröffnungsseite, auf der in der Regel ein Originalgedicht stand. Darauf folgte die Redaktionsseite, die der Herausgeber, Elder Gates, mit einem lebhaften Artikel füllen konnte. Der Rest des Papiers bestand aus fünf weiteren Abteilungen, die sich mit moralischen und religiösen Themen, dem Heimatkreis, Nachrichten, Vergnügungen und Allerlei befassten.

Am 18. Februar 1893 kam die *Pitcairn* zum zweiten Mal aus San Francisco und brachte neben den anderen Passagieren auch Missionare mit, die auf verschiedenen Inseln stationiert werden sollten. Eine Lehrerin aus Amerika, Miss Hattie Andre, die gerade ihr College-Studium abgeschlossen hatte, kam, um auf Pitcairn Island eine Schule zu organisieren und dort zu unterrichten. Nach der notwendigen Verzögerung, die bei einer Neuankömmling auftrat, wurden sofort Schritte unternommen, um die Schule ordnungsgemäß zu eröffnen. Dies geschah Anfang April, und die jungen Leute, die sich ihrer mangelnden Bildung voll bewusst waren, nutzten die Vorteile, die sich ihnen boten, wenn sie einen so gut qualifizierten und für die Arbeit geeigneten Lehrer hatten, ohne zu zögern. 42 junge Menschen im Alter von 14 bis 39 Jahren wurden als Schüler eingetragen, darunter ein Mädchen aus Mangareva, dessen zwei jüngere Brüder zu den anderen Kindern im Alter von 7 bis 13 Jahren gehörten. Es waren zwanzig an der Zahl, und sie wurden von einer der Inselfrauen unterrichtet.

Frau Gates eröffnete gleichzeitig einen Kindergarten für die jüngsten Kinder und hatte zunächst eine Klasse von vierzehn Kindern. Darüber hinaus organisierte sie ein Müttertreffen und gab zweimal im Monat einen Kurs, um die Methoden der Krankenbehandlung und auch das Kochen zu erlernen. Außerdem unterrichtete sie einige der jungen Leute in Stenographie, oder vielmehr versuchte sie es zu lehren, von denen einige bald den Versuch aufgaben, es zu lernen. Vier übten fleißig und hatten einiges an Erfolg, als die Klasse unvermeidlich abgebrochen wurde.

Die literarische Gesellschaft und die von Elder Gates unterrichteten Klassen wurden in der Schule zusammengelegt, und der *Monthly Pitcairnian* ging in die Hände der Schüler über, von denen erwartet wurde, dass sie die Kolumnen gut versorgten, obwohl es ihnen an Material mangelte.

Und jetzt rückt eine Zeit näher, die in der Geschichte der Pitcairn-Insel ihresgleichen sucht – eine Zeit, in der sie eine so schreckliche Heimsuchung erlebte, solange sie andauerte und deren Auswirkungen so schrecklich waren, dass man bemerkte, dass es sich bei den Überlebenden nicht um dieselben Personen handelte sie waren es, bevor es kam. Aber das ist eine Vorwegnahme. Am 27. April 1893 erreichte die schiffbrüchige Besatzung der *Bowdon* , die am Oeno-Riff verloren gegangen war, die Insel Pitcairn. Der Kapitän und einige andere reisten bald darauf auf einem amerikanischen Schiff nach England ab, während der Rest auf eine Gelegenheit wartete, nach San Francisco zurückzukehren. Es ist nicht notwendig, ausführlich über ihren Aufenthalt zu berichten, aber er brachte der Insel keinen Segen.

Die Inselbewohner unternahmen mehrere Fahrten zum Wrack und zurück, und sogar einige Frauen begleiteten ihre Männer und Brüder auf ihrer letzten Fahrt in offenen Booten nach Oeno. Alle kehrten sicher zurück; weder auf der Hin- noch auf der Rückfahrt kam es zu Unfällen, da das Wetter anhielt. Das war im Ferienmonat Juni. Im darauffolgenden Monat kam die HMS *Hyacinth* , und während ihres kurzen Aufenthalts behandelte der Arzt mehrere Krankheitsfälle und diagnostizierte die Krankheit als eine Form der *Grippe* . Bei manchen der damals Erkrankten bestand die Hoffnung auf ein Leben ohne Leben, aber alle wurden schließlich wieder gesund.

Es war offensichtlich, dass das schreckliche Fieber, das die Menschen befiel, mit der Schiffbrüchigen-Mannschaft eingeschleppt worden war. Als die *Hyacinth* ablegte, breitete sich ein leichter Grippeanfall unter den Menschen aus, der die ernstere Krankheit verschlimmerte. Alles, was unter den gegebenen Umständen getan werden konnte, wurde getan, und die Missionare taten ihr Möglichstes, um den kranken Menschen zu helfen, die schnell einer nach dem anderen der schrecklichen Krankheit zum Opfer fielen. Am 26. August ereignete sich der erste Todesfall, der den Weg für viele andere ebnete, und bevor das schreckliche Werk des Todes beendet war, wurden zwölf Personen weggebracht; der letzte Todesfall ereignete sich am 19. Oktober. Die Hilferufe der Hilflosen waren so dringend, dass kaum Zeit blieb, um die Toten zu trauern, und die wenigen, die die Feuerprobe unbeschadet überstanden, waren Tag und Nacht ständig bei ihnen, bis die Natur selbst den Kampf fast aufgab.

ROSA YOUNGS KLASSE.

Einige der wertvollsten Arbeiter und prominenten Mitglieder der Kirche und der Sabbatschule sowie zwei in bürgerlichen Ämtern fielen, und vier der vielversprechendsten jungen Menschen wurden durch den Tod hinweggerafft. Simon Young, der geliebte und geachtete Pfarrer der Kirche, der neunundzwanzig Jahre lang unter den Menschen gearbeitet hatte, fiel von seinem Posten. Seine Tochter, Mrs. JR McCoy, die als erste starb, und zwei Söhne, Edward und John Young, von denen Ersterer eine Witwe und vier Kinder hinterließ, kamen alle in der Pest ums Leben. Ella McCoy, ein vielversprechendes Mädchen, starb eine Woche nach ihrer Mutter. Durch die Todesfälle verlor die Schule fünf ihrer Schüler: John Young, Reuben Christian, Ella McCoy sowie Martha und Clarice Christian. Der kleine Willie Christian war der einzige aus der jüngeren Abteilung, der starb. Die drei anderen, die der schrecklichen Krankheit erlagen, waren Elias Christian, Vater des kleinen Willie, Childers Young, und eines zweijährigen Babys, Emma Christian.

Der vorliegende Bericht ist Zeuge des Besuchs der *Pitcairn* auf ihrer zweiten Rückreise nach San Francisco. Wenn sie abreist, werden auch Elder Gates und seine Familie abreisen, außerdem werden drei junge Leute von der Insel mit ihr nach Kalifornien reisen, um dort die Schule zu besuchen. Miss Andre bleibt bei uns, bis sie ihre Pflicht woandershin ruft. Mit der *Pitcairn* kamen Beileids- und Beileidsbriefe von Freunden aus Australien, wo Mr. McCoy die Nachricht vom Tod seiner Frau erhielt.

Was diese kleine Insel noch erwartet, liegt noch in der Zukunft. Vor fast zwei Jahren, im Oktober 1892, als das Kriegsschiff *Champion* anlegte, leitete Kapitän Rooke eine Versammlung, bei der die veränderten religiösen Ansichten der Menschen erörtert wurden. Man ist fest davon überzeugt, dass der Gemeinde noch etwas Ähnliches bevorsteht.

Seit dem Aufkommen der *Pitcairninseln* gibt es häufigere Kommunikation zwischen der Bevölkerung der Norfolkinsel und ihren Verwandten auf der Pitcairninsel, doch die Kommunikationsmöglichkeiten mit der Außenwelt sind alles andere als zufriedenstellend.

Mehrere Bewohner der Insel unternahmen kurze Ausflüge nach Tahiti und Mangareva und kehrten zurück, und 1891 fuhren zwei junge Männer auf einer britischen Barke, der *Earl Dunraven* , nach Kalifornien und Oregon, deren Kapitän, ein Freund der Inselbewohner, brachte ein großes Geschenk an Kleidung und vielen nützlichen Dingen von netten Freunden aus den Orten mit, die er besuchte.

Beim Schreiben dieses Berichts über die Fakten der Pitcairninseln ist es uns bewusst, dass es ungerecht wäre, nicht alle zu erwähnen, denen die Menschen unzählige Gefälligkeiten zu verdanken haben. Aber das ist kaum möglich. Wir haben nur das Gefühl, dass es unsere Macht übersteigt, die Schuld auszudrücken, die wir so vielen schulden. Und während die Jahre kommen und gehen und uns dem großen Ende aller irdischen Dinge näher bringen, können wir nur beten, dass diejenigen, die über uns gewacht und unsere Bedürfnisse erfüllt haben, reich belohnt werden. Die unaufhörlichen Bemühungen unserer Freunde in der Vergangenheit und derjenigen, die ihre Plätze eingenommen haben, um die Menschen zu erheben und ihnen zu nützen, waren nicht alle vergebens, und alles Gute, das erreicht wurde, ist, alles unter Gottes Führung, diesen Bemühungen zu verdanken.

Kein Bericht über die Geschichte von Pitcairn oder Norfolk Island (letztere im Hinblick auf das zweite dort durchgeführte „soziale Experiment", nämlich die Besetzung dieser Insel durch die Nachkommen der Meuterer der *Bounty*) kann vollständig sein, ohne zwei Personen zu erwähnen, die in der frühen Geschichte der Besiedlung von Pitcairn Island durch die Meuterer und ihre Nachkommen eine wichtige Rolle spielten. Diese beiden waren John Buffett und der Reverend GH Nobbs, die, insbesondere letzterer, seit ihrer Ankunft in der kleinen Gemeinde 1823 bzw. 1828, weiterhin alles in ihrer Macht Stehende zum sozialen Wohl der Menschen taten, auch wenn dabei einige äußerst schwerwiegende Fehler gemacht wurden.

Herr Nobbs, der sich so eng mit dem Volk identifizierte und dessen ständiges Bemühen darin bestand, seine besten Interessen zu fördern, beendete sein langes und nützliches Leben im November 1884, indem er von allen respektiert und geehrt zu Grabe ging und ihn zurückließ Söhne, die gut geeignet sind, seinen ehrenvollen Namen zu behaupten.

Auch John Buffett, der sich so edel bereit erklärte, sich von allen Faszinationen zu verschließen, die die Welt für ihn bereithalten mochte, und sich dafür entschied, sich einer so unbedeutenden und so abgelegenen Gemeinde anzuschließen, um John Adams in seinem Leben zu helfen In den letzten Tagen, in denen die mühsamen Pflichten und schweren Verantwortungen, die die Aufzucht einer jungen Kolonie mit sich bringt, erfüllt waren, verstarb er im Mai 1891, nachdem er fast ein Jahrhundert hinter sich hatte. Er hinterließ auch zahlreiche Nachkommen; alle seine Kinder, bestehend aus sieben Söhnen und einer Tochter, überlebten ihn, Kinder, für die er sich nicht zu schämen hatte. Sein Begleiter, John Evans, der aus Liebe, die er ihm entgegenbrachte , sein Schiff verließ und sich versteckte, um bei Buffett bleiben zu können, starb im Dezember desselben Jahres, 1891, in sehr fortgeschrittenem Alter und wurde zärtlich und liebevoll umsorgt denn von seiner einzigen überlebenden Tochter und ihren Kindern.

In dieser Todesliste kann zu Recht der Tod eines anderen erwähnt werden, der keinen geringen Beitrag dazu leistete, das gesellschaftliche Ansehen der Menschen zu verbessern, deren Kinder er als Schulmeister eingesetzt hatte. Herr Thomas Rossiter, der viele Jahre lang treu die schweren Pflichten eines Lehrers an einer großen Schule auf Norfolk Island erfüllte, Aufgaben, für die er hervorragend qualifiziert war, überließ seinen Posten nach einiger Zeit anderen. Sein Tod ereignete sich im Jahr 1893. Die Schule wird jetzt von Herrn Alfred Nobbs, einem Sohn von Rev. GH Nobbs, geleitet, der von einigen anderen Lehrern unterstützt wird.

Noch ein paar Worte zu der großen Sterblichkeit, die mit der Epidemie einherging, die in den Monaten August, September und Oktober 1893 unter den Bewohnern der Pitcairninseln so tödlich endete. Mit Ausnahme von drei oder vier Inselbewohnern litt die gesamte Gemeinde darunter mehr oder weniger von der schrecklichen Heimsuchung. Die damals auf der Insel ansässigen Missionare konnten der Pest völlig entkommen, was zweifellos auf die schöne Regelmäßigkeit ihrer Gewohnheiten zurückzuführen war, die sie stets praktizierten und deren bemerkenswerte und wohltuende Ergebnisse während der Zeit des Fiebers so spürbar waren. Es besteht kein Zweifel daran, dass die unregelmäßigen Ess- und Schlafgewohnheiten des Volkes einen großen Anteil daran hatten, solch schreckliche Folgen hervorzurufen, und dies ist eine Tatsache, die dem Volk zuvor von den treuen Missionaren deutlich dargelegt, aber nicht angenommen worden war Die Aufmerksamkeit, die seine Bedeutung erforderte, wurde nach dem Fieber mehr denn je von den Menschen gefordert, und ihr eigenes Beispiel diente mehr als die Gebote, die sie lehrten, dazu, die Wahrheit ihrer Lehren zu veranschaulichen. Das Ergebnis all dessen ist, dass nun die Gemeinschaft, die so lange die einfachsten Prinzipien der Gesundheitsgesetze vernachlässigt hatte, zu begreifen beginnt, dass sie diese Gesetze nicht immer ungestraft ignorieren oder sie missachten kann, ohne sich selbst großen Schaden zuzufügen – eine Lektion, die das bedeutet Die traurigste Erfahrung, die sie durchgemacht haben, diente nur dazu, ihren Geist zu vertiefen und zu prägen, einen Geist, der diesen Dingen bisher zu gleichgültig und nachlässig gegenübergestanden hatte und zu langsam war, um ihre Bedeutung zu begreifen. Jeder Schritt in die richtige Richtung war unter Gottes Herrschaft das Ergebnis der treuen Lehren von Elder Gates und seiner Frau, die vor ihrer Abreise die Genugtuung hatten, eine Reform der Ernährungsgewohnheiten der Menschen zu erleben.

Häufig wird die Frage gestellt, ob die Menschen infolge einer zu engen Bindung in der Ehe körperlich degenerieren. Hierauf ist die Antwort zu verneinen, es sei denn, wie jemand beobachtet hat, dass der Verlust der Vorderzähne, der ganz allgemein vorkommt, ein Zeichen von Degeneration ist. Nach Ansicht des Autors ist dies jedoch darauf zurückzuführen, dass der Pflege und Sauberkeit der Zähne nicht mehr Beachtung geschenkt wird, und zweifellos auch darauf, dass die üblicherweise verzehrten Lebensmittel nicht dazu geeignet sind, sie zu stärken und zu erhalten.

Die Zivilregierung der Insel weicht etwas von der jahrelangen Gepflogenheit ab. Als das Kriegsschiff *Champion* im Oktober 1892 die Insel besuchte, leitete Kapitän Rooke eine Versammlung, die zur Erörterung einiger ziviler und religiöser Fragen einberufen wurde. In Bezug auf die ersteren handelte er im Einklang mit der Meinung des britischen Konsuls in Tahiti, mit dem er sich am Vorabend seiner Abreise von Tahiti nach Pitcairn beraten hatte.

Das Ergebnis der Sitzung war wie folgt: 1. Es wurde beantragt und angenommen, dass sieben Parlamentsmitglieder gewählt werden. 2. Diese sieben, die durch allgemeine Abstimmung gewählt wurden, werden als nächstes aus ihren eigenen Reihen den nächsten Magistrat wählen, der jährlich sein Amt bekleiden wird. 3. Es wurde vorgeschlagen, dass mindestens fünf der sieben zusammenkommen, um ein Quorum zu bilden, um über Geschäfte zu beraten – alle sieben, wenn die Frage sehr ernst ist.

Es wurden noch einige andere Punkte angesprochen und ausführlich diskutiert, aber für diesen Zweck genügt es, nur diese zu erwähnen. Die vorgeschlagenen Resolutionen wurden bald umgesetzt und der Plan erwies sich als gut funktionierend. Sowohl die Frauen als auch die Männer haben Stimmrecht.

Zur gegenwärtigen sozialen Stellung der Menschen könnten einige Worte gesagt werden. Viele, die die Insel besucht haben, hatten den Eindruck, dass die bevorzugten Bewohner reinere Luft atmen als andere Menschen und eine Atmosphäre, die völlig frei von Sünde ist; es ist jedoch schwer zu verstehen, wie eine solche Vorstellung auch nur einen Augenblick lang in Bezug auf irgendeinen Ort auf der Erde gehegt werden kann, der von einem Angehörigen von Adams gefallener Rasse bewohnt wird. Die menschliche Natur ist überall auf der Welt die menschliche Natur und noch dazu gefallen, sodass es sicherlich ein Fehler ist zu glauben, dass kein Laster oder keine Sünde irgendeiner Art den Charakter derer, die so abgeschieden von der Welt leben, trübt oder ihren Ruf herabsetzt, weil sie so weit vom Rest der Welt entfernt sind. Aber Satan fand einen Eingang in das Eden-Heim unserer Ureltern, bevor sie noch von der Existenz der Sünde wussten, und wer, der ihre befleckte Natur geerbt hat, darf hoffen, seinen Fallen zu entkommen? Und wie war es möglich, dass ein Volk, das aus solch verkommener Familie stammte, wie es die Insel vor über einem Jahrhundert besiedelte, und in dessen Blut das Blut derer fließt, die vor keinem Verbrechen zurückschreckten, einen reinen und makellosen Charakter haben konnte? Eine schöne Einfachheit kennzeichnete zweifellos das Leben der kleinen Gemeinde, die unter der Fürsorge von John Adams aufwuchs, und tatsächlich ist im Laufe des gesamten Jahrhunderts viel von dieser Einfachheit noch immer erhalten geblieben. Doch es ist ein Fehler, der Vorstellung nachzugeben, dass die Sünde auf dieser kleinen Insel kein Reich hat. Und obwohl es Anlass zu tiefer und demütiger Dankbarkeit gegenüber Gott ist, dass er durch seine Barmherzigkeit und die Hilfe einer Vielzahl christlicher Freunde das Volk davor bewahrt hat, in den tiefsten Zustand der Erniedrigung und Sünde zu versinken, ist es auch eine bedauerliche Tatsache, dass es unter dem Volk starke Tendenzen in die falsche Richtung gibt, Tendenzen, die nur Gottes Gnade in Schach halten kann.

Die Besuche des Missionsschiffs *Pitcairn* von der gleichnamigen Insel auf der Norfolkinsel werden mit aufrichtiger Freude begrüßt, denn nur dadurch haben die beiden durch Blutsverwandtschaft so eng miteinander verbundenen Gemeinschaften eine gewisse Verbindung zueinander. Diese Besuche sind das Mittel, durch das das Interesse des jüngeren Teils der beiden Gemeinschaften füreinander geweckt wird. Die innigen Bande, die die Herzen der älteren Mitglieder so eng miteinander verbanden, gingen trotz der Entfernung nie verloren, aber es war kaum zu erwarten, dass die jüngeren Mitglieder, die ohne Kenntnis voneinander aufwuchsen, dieselben Gefühle verwandtschaftlicher Zuneigung, die ihre Väter und Mütter besaßen, unvermindert bewahren würden, und so ist es dankbar, dass die alten Bande wiederbelebt und gestärkt werden.

ANHANG ZUR VIERTEN AUSGABE.

Das Interesse an diesem weit entfernten winzigen Fleck im Pazifik – der Pitcairninsel – und die große Nachfrage nach den ersten beiden Ausgaben dieses Buches haben den Verlag dazu veranlasst, diese verbesserte Ausgabe herauszugeben.

Seit der Veröffentlichung des Buches sind in allen Teilen des Landes viele Artikel über Pitcairn in den Zeitungen erschienen.

Die New York *World* schickte im Oktober 1893 einen Anfragebrief an Miss Young, die Autorin dieses Buches, und ihre Antwort erschien in dieser Zeitung unter dem Datum vom 13. Januar 1895.

Der Brief ist von so allgemeinem Interesse und enthält so aktuelle Nachrichten aus Pitcairn, dass wir es für das Beste halten, ihn hiermit zu veröffentlichen.

Wir fügen außerdem einen Artikel an, der am 8. Dezember 1894 in *Harper's Weekly veröffentlicht wurde* und einen Besuch von Captain Cornelius A. Davis auf Pitcairn im März 1894 beschreibt. Der Artikel ist besonders interessant, weil er von einem unvoreingenommenen Beobachter stammt.

VERLAG.

MISS YOUNGS BRIEF AN DIE „SUNDAY WORLD".

PITCAIRN ISLAND im Südpazifik,}

18. August 1894.}

An die Sonntagswelt —

Es ist wahrscheinlich, dass Sie nach so langer Zeit, bevor Sie eine Antwort auf Ihren Brief erhielten, davon ausgegangen sind, dass er sein Ziel nie erreicht hat. Die Fakten in diesem Fall sind, dass es am 3. Februar letzten Jahres hier ankam, nachdem es von San Francisco nach Tahiti und von dort nach Wellington, Neuseeland, zur Brigantine *Pitcairn* , unserem Missionsschiff, weitergeschickt worden war es hier zum oben genannten Datum.

Die Antwort hätte im Februar erfolgen sollen, und die Antwort sollte Ihnen *per Pitcairn* , mit Ziel San Francisco, welches sie gegen Ende März erreichte. Da ich zu diesem Zeitpunkt jedoch eine beträchtliche Menge an Schreibarbeit zur Hand hatte, die ich unbedingt fertigstellen musste, war ich gezwungen, einige meiner Briefe unbeantwortet zu lassen, darunter auch Ihren. In der unvermeidlichen Eile und Hektik nach der Abreise geriet er dann bis vor ein oder zwei Tagen in Vergessenheit.

Bitte entschuldigen Sie meine Nachlässigkeit, die völlig unbeabsichtigt war, da ich nicht daran glaube, die Korrespondenz von irgendjemandem zu ignorieren, und es wäre unhöflich von mir, wenn ich jemandem nicht antworten würde, der genug Interesse an uns und der Geschichte unserer Insel zeigt, um nach allen Informationen zu fragen, die ich geben kann.

Ich werde Ihre Fragen im Namen der Leser der großen *Sunday World gerne beantworten* und hoffe, dass sie für Sie zufriedenstellend sein werden. Zunächst könnten jedoch ein oder zwei Tatsachen über mich von Interesse sein.

Ich bin jung (einer der Nachkommen der ursprünglichen Siedler), aber nicht mehr jung an Jahren, da ich vor fünf Tagen, am 13. d. M., mein einundvierzigstes Lebensjahr vollendet habe. Als ich Ihren Brief schrieb, am 26. Oktober, hatte ich gerade eine Fleckfieber-Erkrankung überstanden, der zwölf von uns zum Opfer gefallen waren, darunter mein verehrter und geliebter Vater und zusätzlich zu ihm zwei Brüder, eine Schwester und eine Nichte.

Was den von Ihnen in einem oder mehreren meiner veröffentlichten Briefe geäußerten Wunsch anbelangt, *der* Außenwelt, oder vielmehr einem Teil davon, einmal einen Besuch abzustatten, so bleibt dieser Wunsch immer noch unerfüllt. Der Vater meiner Mutter war ein Engländer, der im Alter von sechsundzwanzig Jahren beschloss, sich mit der kleinen Handvoll Kinder der

- 148 -

Meuterer zu verbünden, über die 1823 in einer Art patriarchalischer Weise der einzige Überlebende der Meuterer herrschte Meuterer, John Adams.

Er, Adams selbst, war, nachdem alle seine Gefährten gestorben und die meisten von ihnen ermordet worden waren, ungebildet und ungebildet und ihm war die große Verantwortung bewusst geworden, die auf ihm ruhte, da er die junge Gemeinde in seinen Händen hatte. Als im Jahr 1823 zufällig ein Walfangschiff, die *Cynes* , hier anlegte, äußerte er den ernsthaften Wunsch, dass jemand genug Mitgefühl für ihn und die schlimmeren als verwaisten Kinder empfinden möge, die er nach bestem Wissen und Gewissen zu Gott und dem Guten führen wollte, und dass jemand bleiben und ihm beistehen möge.

Mein Großvater, John Buffett, blieb, und seit ich mich erinnern kann, wie er von seinem Elternhaus in Bristol, England, sprach, war es mein Wunsch, eines Tages dorthin zu gehen. Diese große Hoffnung ist aufgegeben. Ich hatte eine Schwester, die heiratete und ihre beiden kleinen Jungen nach Cardigan, Wales, zum Haus ihres Mannes mitnahm, und sie starb ganz in der Nähe des Elternhauses unseres Großvaters, aber das war alles.

Seitdem sie vor über acht Jahren nach Wales gegangen ist, war es der aufrichtige Wunsch meines Herzens, ihnen einen Besuch abzustatten, aber meine Schwester starb im April 1887, nachdem sie erst elf Monate dort gewesen war, und mein aufrichtiger, sehnsüchtiger Wunsch war es Meine lieben kleinen Neffen wiederzusehen, wird nie möglich sein.

Ich habe häufig Einladungen von vielen lieben, geschätzten Freunden erhalten, Amerika zu besuchen, sehe aber noch keinen offenen Weg. Letztes Jahr hatte ich meinen Koffer gepackt, um nach Kalifornien zu reisen, aber unvorhergesehene Umstände verhinderten dies. Fünf unserer Leute von dieser Insel gingen, aber ich war keiner, obwohl ich darüber zutiefst trauerte. Alle, die gegangen sind, sind zurückgekehrt, mit Ausnahme eines jungen Mannes, der jetzt in Healdsburg zur Schule geht, und eines bezaubernden kleinen Mädchens, das eine Zeit lang von einem Pfarrer und seiner Frau adoptiert wurde, die hier gelebt haben, einem Mr. und Mrs. Gates. Ich werde nun in regelmäßiger Reihenfolge die Punkte Ihres Schreibens aufgreifen und beantworten, zu denen Sie um Auskunft ersuchen. Zuerst die Schularbeit.

Ich bin auf folgende Weise zu dieser Arbeit gekommen – ich muss viele Jahre zurückgehen, um ganz von vorne zu beginnen: In den Jahren 1857-1858 verließen zwei Familien, die mit der Veränderung ihres Lebens auf Norfolk Island nicht ganz zufrieden waren, diesen Ort und kehrten hierher in ihre alte Heimat zurück. Diese Familien bestanden aus fünfzehn oder sechzehn Personen, Moses Young und Familie sowie Mayhew Young und Familie, die größtenteils aus Kindern des Ex-Mannes der Frau, eines McCoy, bestanden. Es könnte Sie interessieren, dass Mayhew nach Captain Mayhew Folger benannt wurde, dem amerikanischen Kapitän, der bereits 1808 entdeckte, dass diese Insel von den Kindern der Meuterer bewohnt wurde.

Um es kurz zu machen: Mein Vater, Simon Young (ich kann Ihnen gar nicht sagen, wie gut er war), war der Meinung, dass die Kinder der beiden Familien, die zuerst zurückkehrten, jemanden brauchten, der sich um ihre schulischen und spirituellen Angelegenheiten kümmerte. Er beschloss, ebenfalls zurückzukehren und für sie zu tun, was er konnte. Seine eigenen schulischen Möglichkeiten waren sehr begrenzt gewesen, aber er hatte sie bestmöglich genutzt und den Kindern auf Norfolk Island zumindest die Kunst des Lesens, Schreibens und die vier Grundrechenarten beigebracht. So verließen unsere Familie und einige andere im Dezember 1863 Norfolk Island, um hierher zurückzukehren, und kamen Anfang Februar 1864 an.

Wir haben eine gute Schule und gute Lehrer zurückgelassen und ich habe nie aufgehört zu bedauern, dass ich nie das Privileg hatte, ein reguläres Studium zu absolvieren, das mich besser in die Lage versetzt hätte, das zu verwirklichen, was seitdem mein Lebenswerk ist, denn ich war erst zehn, als ich hierher zurückkehrte.

Sobald es möglich war, begann mein Vater damit, die wenigen Kinder und Jugendlichen so gut zu unterrichten, wie er konnte, und mit etwa vierzehn Jahren begann ich ihm zu helfen, indem ich den Jüngsten das Alphabet beibrachte und ihnen die ersten Lesestunden gab. Ich hatte keine pädagogischen Privilegien und tue nur mein Bestes, und welchen Erfolg wir im Jenseits haben, wird sich zeigen.

Im Februar 1893 kam Miss Hattie Andre, eine junge Dame, die gerade ihr College-Studium in Michigan abgeschlossen hatte, hierher, um die Leitung der Schule zu übernehmen. Mein geliebter und verehrter Vater, 69 Jahre alt, zog sich dann aus dem Schuldienst zurück und überließ ihn Miss Andre und mir. Sie hat etwa 34 junge Leute als Mitglieder, und ich unterrichte 21 der jüngsten Kinder im Alter von sieben bis vierzehn Jahren. Zwei meiner Kinder sind dänisch-spanische Jungen aus Mangareva, einer der Gambierinseln. Ihre Schwester besucht Miss Andres Schule.

Sie fragen nach unserem religiösen Glauben. Als John Adams sich daran machte, die junge Gemeinde in Rechtschaffenheit zu erziehen, waren seine einzigen Erziehungshilfen eine Bibel und ein Book of Common Prayer, die er aus der *Bounty gerettet hatte* . Mit diesen äußerst begrenzten Mitteln brachte er den jungen Leuten recht erfolgreich das Lesen bei und richtete bei der Einführung einer Art religiöser Gottesdienste ganz selbstverständlich die Liturgie der Church of England als Vorbild ein.

Dem folgten wir bis zum Oktober 1886, als wir uns als Gemeinschaft nach zehn Jahren der Suche, „ob das so sei" und dem Kampf gegen die unbegründeten und unvernünftigsten Vorurteile, der Kirche anschlossen, die als Siebte bekannt ist Adventisten des siebten Tages, weil wir an den Buchstaben des vierten Gebots des Dekalogs glauben und ihn predigen, und Adventisten, weil wir an das baldige Kommen unseres Herrn und Erlösers Jesus Christus in den Wolken des Himmels glauben, um seine wahren Anhänger zu sich zu nehmen .

Aus unserer Sicht ist dies die Erklärung für so vieles, was die Welt derzeit durchmacht und was denen, die sich nicht mit den Prophezeiungen des Wortes Gottes befassen, so geheimnisvoll erscheint.

Sie haben ganz richtig geurteilt, dass wir durch Zeitungen und Freunde, die hier ab und zu auf ihrem Weg zu verschiedenen Häfen vorbeischauen, ziemlich gut über das Geschehen in der Welt informiert werden, aber wir haben keine regelmäßige Möglichkeit zur Korrespondenz. Unsere Freunde im Ausland nutzen die gelegentlichen Reisen unseres kleinen Missionsschiffs, um uns Briefe und alles andere zu schicken, da es nach dem Verlassen Kaliforniens immer direkt zu uns kommt. Es ist am 17. des vorigen Monats angekommen und beabsichtigt, schnell nach Amerika zurückzukehren (falls es nicht verkauft wird, wie vereinbart), wo es gegen Ende des laufenden Jahres sein wird.

Mehrere unserer Leute haben einige der Nachbarinseln besucht und einige sind nach England und zurück gegangen, aber ich glaube nicht, dass die Worte „unzufrieden mit unserem Schicksal" auf irgendjemanden hier richtig angewendet werden können. Persönlich bin ich so verliebt in das freie, natürliche Leben, das ich hier genieße, dass ich es nicht bereitwillig gegen ein anderes eintauschen würde, genauso wie ich einen Besuch an Ihren Küsten genießen und das Leben in der Realität sehen würde Welt, über die ich so ausführlich gelesen habe – das Leben in all seinen Phasen, vom hochtönigen „Gesellschaftsleben" bis zum alleruntersten. Damit ich nicht das Gefühl habe, dass „überrascht" meine Eindrücke richtig beschreiben würde.

Ja, die Ehe wird – soll ich es sagen? – unter unseren Leuten geschlossen, die verschiedenen Familiennamen zählen sieben. Young, McCoy und Christian gehören zu den ursprünglichen Familien, und die später dazugekommenen sind Buffett, Warren, Butler und Coffin, die letzten drei sind Amerikaner, und nur der allerletzte, Coffin, lebt noch. Ich denke, in ferner Vergangenheit gab es einige kuriose „Liebesgeschichten", die sich als recht interessante Lektüre erweisen würden, und meines Wissens gibt es mehrere, die eine gute Grundlage für sehr unterhaltsame Geschichten abgeben würden, sollte sich jemand finden, der sie erfinden würde.

Von der Zeit von John Adams bis zur letzten Trauung, die hier stattfand – das war im Jahr 1889 (ich glaube, Sie lächeln über die lange Zeitspanne, die dazwischen liegt) – war die verwendete Form die der Church of England. In den achtziger Jahren schienen die jungen Leute zu glauben, dass das Hauptziel von Mann und Frau, oder besser gesagt von Jungen und Mädchen, die Ehe sei; und kaum hatten sie den Stand des Mannes und der Frau erreicht, schon gar nicht den Stand der Weisheit und Klugheit, als die Ehe geschlossen wurde. Gegenwärtig, und das ist eine Freude für mich, werden mehr Anstrengungen unternommen, um eine gewisse Bildung zu erreichen, als zu heiraten, und wir haben eine ganze Reihe junger Männer und Frauen, die mehr daran denken, aus ihren Schulbüchern das Beste herauszuholen, was sie können fürs Leben aneinander gebunden sein.

Ich weiß derzeit nicht genau, wie viele Einwohner es hier gibt, aber ich glaube, dass die Bevölkerung nach den vierzehn Todesfällen im letzten Jahr nur etwa 136 beträgt, wobei der größte Teil Kinder unter 16 Jahren sind.

Unter den Menschen auf der Welt außerhalb unseres eigenen kleinen Fleckchens Erde ist es allgemein anerkannt, dass Münzgeld ein nahezu unbekannter, unbekannter und natürlich ungenutzter Gegenstand unter uns ist, aber das sind in diesem Fall nicht die wahren Tatsachen. Unsere Umstände machen es möglich, in Bezug auf die lebensnotwendigen Dinge ohne den Einsatz von Geld zu existieren , *d* unsere Insel, die wir, wenn sich die Gelegenheit bietet, an einen Händler verkaufen, der hier vorbeikommt und uns dort unsere Vorräte bringt. Darüber hinaus haben viele Freunde von Zeit zu Zeit sehr viel zu unserem Trost beigetragen, indem sie uns Kleidung und andere Dinge geschenkt haben, die wir hier nicht beschaffen können.

Unser „Wertmaßstab" ist der amerikanische Dollar und die englischen Pfund, Schilling und Pence, auf die hier kein Rabatt gewährt wird, da wir englische Staatsbürger sind. Es würde Sie amüsieren zu sehen, wie viele und unterschiedliche Münzen durch unsere Hände gehen und deren Wert uns oft verwirrt. Da wir nicht in der Lage sind (außer bei Gelegenheiten, wenn wir von einem britischen Kriegsschiff besucht werden), mehr als ein paar Cent auf einmal im Austausch für Obst und Kuriositäten zu erhalten, spenden wir nicht jede Woche, wie es Sonntagsschulen im Ausland tun, sondern horten sorgfältig die Zehncentstücke, Vierteldollarstücke, Schilling und Pence, die von vorbeifahrenden Schiffen zu bekommen sind, für die vierteljährliche Spende.

Wir haben eine Sabbatschule mit 125 Mitgliedern im Alter von zwei bis zweiundsiebzig Jahren; und glücklich sowohl das Kind als auch den Erwachsenen, der zu Beginn jedes Quartals eine Spende in der Größe eines Vierteldollars spenden kann. Wir freuen uns über den Gedanken, dass unser kleiner „Kleiner" zum Missionsschiff *Pitcairn gespendet hat* , dem ersten, das im Interesse der Siebenten-Tags-Adventisten gebaut und genutzt wurde, und dass unsere Sabbatschule sich selbst trägt.

Unsere Vergnügungen bestehen, so möchte ich sagen, in einem Wechsel der Beschäftigungen. Eine eigenartige Art, sich zu amüsieren, werden Sie denken, aber in Wirklichkeit ist unsere Zeit zu sehr mit so vielen verschiedenen Dingen ausgefüllt, als dass wir Zeit oder Lust hätten, auch nur Vergnügungen zu machen, die bloße Vergnügungen sind. Wenn die Jungen genug Pulver haben, um ihre Gewehre nach Lust und Laune dröhnen zu lassen, wünschen sie sich kein größeres Vergnügen, und eine unermüdliche Quelle der Freude für die jungen Leute hier ist es, sich um eine Orgel zu versammeln und die Zeit damit zu verbringen, zur Begleitung des Instruments zu singen.

Sie fragen, ob jemals ein Fotograf an unsere Küste gekommen ist. Ja, viele von ihnen, und es wurden viele Aufnahmen gemacht, nicht nur von der abwechslungsreichen Landschaft, sondern auch von den Menschen, meist in Gruppen. Letzten März war ein amerikanischer Schiffskapitän, Captain Davis, hier und verbrachte die meiste Zeit damit, Fotos zu machen. Unter anderem machte er Fotos von Miss Andre und ihrer Schule und von mir und meinen barfüßigen kleinen Jungen und Mädchen.

Der oben erwähnte Herr und die oben erwähnte Dame, Mr. und Mrs. Gates, hatten achtzehn Monate bei uns gelebt, und als sie im vergangenen Februar abreiste, gab ich Mr. Gates eine Manuskriptkopie eines kleinen Werks, das ich geschrieben hatte. Es enthielt die Fakten zur Geschichte dieser Insel von der Zeit, als sie von den Meuterern *der Bounty bewohnt wurde* , bis heute. Ich beschränkte mich nicht auf solide Arbeit, sondern schrieb nur in großen Abständen, so dass sich das, was in kurzer Zeit hätte fertig sein sollen, auf eine Dauer von sechs Jahren ausdehnte. Möglicherweise werden einige der hier aufgenommenen fotografischen Ansichten zur Illustration des kleinen Werks verwendet. Es sollte jetzt in Druck gehen, wenn es nicht bereits vergriffen ist, und wird in Buchform – nur eine sehr einfache, bescheidene Angelegenheit – bei der Pacific Press in Oakland, Kalifornien, erscheinen, wo Sie ein Exemplar erhalten können, wenn Sie genug Interesse daran haben, eines zu bestellen.

Ich habe bereits mehr geschrieben, als ich hätte schreiben sollen, und fürchte, mein langer Brief wird Ihre Geduld auf die Probe stellen. Ihre Fragen wurden jedoch bereits ausführlich beantwortet, und daher vertraue ich darauf, dass Sie mir verzeihen, dass ich Ihre wertvolle Zeit mit der Lektüre aller Erzeugnisse meiner Feder in Anspruch nehme.

Ich würde mich freuen, wenn Sie mir schreiben, wenn Ihnen danach ist, und auch, wenn Sie diesen Brief erhalten, davon zu erfahren.

Mit freundlichen Grüßen,
ROSALIND A. YOUNG .

EIN BESUCH DER PITCAIRNINSEL.

Als Kapitän Cornelius A. Davis vom Fünfmastschoner *Governor Ames* – dem einzigen Schoner seiner Klasse auf der Welt und dem größten noch existierenden Schrotschiff – vor einigen Monaten vor der Insel Pitcairn, viertausend Meilen südlich von San Francisco, vor Anker ging, war er überrascht, als er von einer Delegation von Inselbewohnern, die an Bord gekommen waren, mit Namen begrüßt wurde . Die Bewohner der historischen kleinen Insel halten regelmäßig nach allen vorbeifahrenden Schiffen Ausschau, und sobald eines in Sichtweite ist, fährt ein Boot darauf zu, das freundliche Grüße überbringt und jede benötigte Hilfe anbietet. Von jedem Kapitän erhält er Nachrichten über das Schiff, das er im letzten Hafen zurückgelassen hat, zusammen mit dem voraussichtlichen Abfahrtsdatum. In den meisten Fällen wird ein Schiff, das Pitcairn erreicht, sofort erkannt, und der Kapitän stellt fest, dass er seinen neuen Inselfreunden nicht vorgestellt werden muss – denn als solche erweisen sie sich sehr bald. Er wird eingeladen, an Land zu gehen und das Beste zu genießen, was die Insel zu bieten hat, und der Eindruck, den er mitnimmt, ist durchweg angenehm. Kapitän Davis sagt, er wäre gern zwei oder drei Tage auf der Insel geblieben, wenn es dafür einen guten Grund gegeben hätte, aber nachdem er frisches Obst für die Mannschaft besorgt hatte, fühlte er sich gezwungen, seine Reise fortzusetzen. Puget Sound war vor 35 Tagen hinter uns gelassen worden, und Liverpool war noch 129 Tage entfernt.

Es gibt vielleicht keinen malerischeren Vorfall in den Annalen der maritimen Unternehmungen als die Meuterei an Bord des britischen Schiffes *Bounty* im Jahr 1789 und die anschließende Landung mehrerer Meuterer auf der Pitcairn-Insel, einem Landflecken, der teilweise entdeckt worden war Jahre zuvor von Carteret erbaut und nach dem Midshipman benannt, der es als erster vom Masttop aus erblickte. Aus Angst vor Strafe beschlossen diese Meuterer, sich vor der Welt zu verstecken, suchten diesen einsamen Ort auf und gründeten zusammen mit einer Anzahl polynesischer Männer und Frauen eine neue Gemeinschaft fernab des gewöhnlichen Handelsweges. Den wenigen uns überlieferten historischen Berichten zufolge kam es zunächst zu Aufruhr und Feierlichkeiten auf der Insel, doch nach und nach verschwand das rauere Element der Bevölkerung, und als das amerikanische Schiff *Topaz* die kleine Siedlung 1808 offenbar wiederentdeckte ordentlich und wohlhabend gewesen sein. Seit mehr als einer halben Generation war der Aufenthaltsort der Meuterer der *Bounty* ein Rätsel, und ihre Wiederentdeckung erregte zu dieser Zeit großes Interesse, insbesondere in England. Es war, als hätte das Meer seine Toten aufgegeben. Alles, was den kleinen Landstreifen im fernen Pazifik betraf, wurde mit Interesse begrüßt, und in den 86 Jahren seitdem wurden viele Bücher und Aufsätze geschrieben, die ihn und seine Menschen beschreiben. In wenigen Wochen soll in Kalifornien ein weiterer Band der Siebenten-Tags-Adventisten erscheinen, denen es kürzlich gelungen ist, die Inselbewohner zu ihrem Glauben zu bekehren. Früher waren sie mit der Church of England verbunden.

Die heutige Gemeinde ist in vielerlei Hinsicht vorbildlich. Seit der Zeit der kühnen Meuterer hat eine große Veränderung stattgefunden, und es heißt, dass niemand auf der Insel jemals Rauschmittel, Tabak oder Gotteslästerung zu sich nimmt. Eine einfache Kirche und ein Schulhaus – das Gebäude, das in zwei der Abbildungen zu diesem Artikel zu sehen ist – wurden errichtet, und einer der Nachkommen der frühen Siedler predigt regelmäßig zu allen Mitgliedern der Siedlung, denn der Kirchgang gilt auf Pitcairn als selbstverständlich; und außerdem gibt es nicht sehr viele andere Unterhaltungsmöglichkeiten. Wenn man bedenkt, dass es auf der gesamten Insel nur etwa einhundertdreißig Menschen gibt und dass die Insel kaum drei Meilen lang ist, ist es leicht zu verstehen, dass das Leben dort manchmal an Aufregung mangelt. Und doch durchdringt ein Geist intensiver Loyalität die Gemeinde. Niemand hat den Wunsch, dauerhaft an einen anderen Ort zu ziehen, und diejenigen, die die Vereinigten Staaten und Großbritannien besuchen, tun dies nur, um sich auf nützlichere Arbeit zu Hause vorzubereiten. Neulich ist der junge Henry Christian, ein Nachfahre des Anführers der Meuterei an Bord der *Bounty*, in San Francisco angekommen, wohin er gekommen war, um an einer amerikanischen Schule zu studieren, aber es besteht kein Zweifel, dass er zu gegebener Zeit nach Pitcairn zurückkehren wird. Mit ihm kam auch der Präsident der Insel, James R. McCoy; denn die Inselbewohner wählen einen Offizier mit diesem Titel, obwohl sie nominell unter der Herrschaft Englands stehen. Königin Victoria hat ihnen vor einigen Jahren zwei Rettungsboote geschickt, und diese werden ständig zum Entern der Schiffe verwendet, die vor der Küste ankern. Auf einem der Gipfel der Insel weht auch eine britische Flagge, der Fahnenmast steckt in der Mündung einer der alten Kanonen, mit denen die *Bounty* ausgerüstet war.

Kapitän Davis ist ein hervorragender Amateurfotograf, und ihm gelang es während seines wenigen Aufenthalts auf der Insel, einige bewundernswerte Aufnahmen der Menschen und ihrer Umgebung zu machen. Eine dieser Aufnahmen [siehe Seite <u>231</u>] zeigt die meisten erwachsenen Einwohner um Miss Andre gruppiert, eine junge Frau aus Ohio, die dem einheimischen Pfarrer bei seiner religiösen Arbeit hilft und die Männer und Frauen der Gemeinde in den üblichen Bildungszweigen unterrichtet. Kapitän Davis hörte sich an dem Tag, als er dort war, eine gut vorgetragene

Geographiestunde an, und er sagt, diese erwachsenen Schüler wirkten intelligent und lernbegierig. Ihre Gesichter sind stark und eindrucksvoll, und während in den meisten Gesichtern eine beträchtliche Spur „Kanaken"-Blut zu finden ist, sind andere durch und durch kaukasisch. Die Mischung völlig unterschiedlicher Rassen hat in diesem Fall zumindest zu einem robusten, einfallsreichen und eigenständigen Stamm geführt.

Die Grundschule wird von Miss Rosa Young unterrichtet, die aus Pitcairn stammt und Autorin des Buches ist, das die Insel beschreibt und demnächst veröffentlicht wird. Sie ist sowohl Inselredakteurin als auch Schullehrerin und schreibt von Zeit zu Zeit eine Chronik der Gemeinde, die von einem zum anderen Volk weitergegeben wird. Auf der Insel gibt es keine Druckerpresse, und dies ist die einzige zeitgenössische Aufzeichnung ihrer Tätigkeit, über die die Siedlung verfügt. Aber wenn man nur einhundertdreißig Leute im Auge behält, gelingt es zweifellos jedem, der dazu geneigt ist, ziemlich gut informiert zu sein. Bei zwei verschiedenen Gelegenheiten wurde Pitcairn aus dem einen oder anderen Grund von seinen Bewohnern verlassen, und die heutigen Bewohner stammen größtenteils von zwei Familien ab, die erst 1858 auf die Insel zurückkehrten. Im Jahr 1830 zogen die damals dort ansässigen 87 Menschen dorthin Tahiti aus Angst vor Dürre, und obwohl die moralische Laxheit des letztgenannten Ortes sie so beunruhigte, dass sie im nächsten Jahr nach Pitcairn zurückkehrten, unternahmen sie 1856 eine zweite Pilgerreise, dieses Mal nach Norfolk Island, wo viele von ihnen oder ihre Nachkommen lebten lebe heute. William und Moses Young scheinen sich jedoch zusammen mit ihren Familien nach Pitcairn gesehnt zu haben und reisten dementsprechend wieder dorthin zurück.

27] auf einer anderen Seite gezeigte Landeplatz befindet sich in Bounty Bay, wo die ursprünglichen Siedler der Insel vor mehr als hundert Jahren ihr Schiff zerstörten und wo, wie die Abbildung zeigt, viele der Einwohner versammelten sich, um Kapitän Davis zu verabschieden. Von hier aus führt ein Weg hinauf zur Siedlung selbst, die drei- bis vierhundert Fuß über dem Meeresspiegel liegt. Die Hauptstraße ist von Palmen gesäumt und die strohgedeckten Häuser auf beiden Seiten zeugen von Sparsamkeit und Wohlstand. Auf der Insel gibt es weder Kühe noch Ochsen, aber Ziegen gibt es in Hülle und Fülle, und da das Land stellenweise steil und felsig ist, sind diese trittsicheren Tiere zweifellos besser an die Bedürfnisse der Menschen angepasst. Orangen wachsen in Hülle und Fülle, ebenso wie Süßkartoffeln, Süßkartoffeln, Bananen und Ananas. Kapitän Davis sagt, dass das ihm zu Ehren im Haus des Adventmissionars angebotene Abendessen reichhaltig und ausgezeichnet war.

In diesen Tagen der Hektik und Hektik ist es erfrischend, einen Blick auf eine arkadische Gemeinschaft wie diese zu werfen, deren kleine Welt weit entfernt ist von all unseren modernen Tendenzen in der Zivilisation. Auf Pitcairn Island gibt es weder Telefone noch Telegrafen. Kein Ozeankabel bringt vom fernen Festland die Nachricht von Krieg oder Katastrophe auf die andere Seite der Welt. Kaum einer der Bewohner hat jemals eine Eisenbahn oder elektrisches Licht gesehen, und wahrscheinlich war noch nicht einmal einer von ihnen jemals in einem Theater. Die Zeitungen und Zeitschriften, die sie lesen, sind Wochen alt, als sie Pitcairn erreichen, und vieles, was sie enthalten, muss für die Inselbewohner so unverständlich wie Griechisch sein. Was wissen sie über College-Football-Spiele? oder wie viel können sie von der Aufregung einer Präsidentschaftswahl verstehen? Sie sind ein Volk für sich, und ihr Horizont wird durch grenzenloses Meer und Himmel begrenzt. – *Henry Robinson Palmer, in Harper's Weekly, 8. Dezember 1894.*